L'EUROPE DES IMMIGRÉS

DU MÊME AUTEUR

L'Italie rouge et noire, Gallimard, 1971.

Morphologie de la haute administration française, Mouton, 1969 et 1971 (avec A. Darbel).

Sociologie de l'Italie, PUF, coll. Que sais-je?, 1974.

Histoire orale ou archives orales?, Association pour l'histoire de la Sécurité sociale, 1980.

Juifs et Israélites, Gallimard, coll. Idées, 1980.

L'Épreuve du chômage, Gallimard, coll. Idées, 1981.

La Révolution invisible, Association pour l'histoire de la Sécurité sociale, 1989.

Six manières d'être européen, Gallimard, coll. Bibliothèque des sciences humaines, 1990 (dir. avec H. Mendras).

La France de l'intégration. Sociologie de la nation en 1990, Gallimard, coll. Bibliothèque des sciences humaines, 1991.

DOMINIQUE SCHNAPPER

L'EUROPE DES IMMIGRÉS

essai sur les politiques d'immigration

ÉDITIONS FRANÇOIS BOURIN
27, rue Saint-André-des-Arts
75006 Paris

Aux hommes de ma vie

A la mémoire de Raymond
Pour Antoine
Pour Alain
Pour Valentin

Avertissement au lecteur concernant les notes

La liste de tous les ouvrages faisant l'objet de citations dans le texte qui suit figure dans la bibliographie venant en fin de volume. Dans un but de simplification, ils sont désignés dans les notes sous la forme abrégée suivante : nom d'auteur (qui renvoie à la liste alphabétique précitée) suivi de l'année de publication (qui permet l'identification lorsque plusieurs titres sont du même auteur), avec parfois l'indication (a) ou (b) lorsque deux titres du même auteur ont paru la même année. Lorsqu'il s'agit d'un ouvrage collectif, le classement est fait au nom suivant le mot «*in*». Ainsi, par exemple, «F. d'Arcy et Y. Prats, *in* Grawitz-Leca, 1985» correspond à :

GRAWITZ M. et LECA J. (éd.), *Traité de science politique*, vol. IV ; *Les politiques publiques*, Presses universitaires de France, 1985.

Introduction

L'immigration et les immigrés seront un des thèmes essentiels des prochaines campagnes électorales. Les premiers éclats démontrent déjà que les arguments qui seront échangés à cette occasion par les hommes politiques et les journalistes risquent plus d'obscurcir et de passionner le débat que de l'éclairer.

Ce livre est fondé sur les connaissances accumulées par les chercheurs et sur la réflexion sociologique. L'intention et l'effort d'objectivité n'assurent pas pour autant qu'il apporte la « vérité ». Du moins peut-on espérer qu'il contribue à un véritable débat d'idées, à défaut d'influencer les débats électoraux. Le rôle du sociologue n'est pas de dicter leurs choix aux responsables politiques, mais de nourrir la discussion démocratique par son savoir et ses analyses.

La comparaison dans le temps et dans l'espace est un instrument privilégié pour prendre à l'égard de l'actualité la plus immédiate la distance nécessaire à l'étude « objective ». Les phénomènes migratoires ne sont pas nés dans les années 1980, ni même dans les années 1950. Les mouvements de populations ont toujours existé et sont inévitables, pour des raisons politiques autant qu'économiques. D'aucuns fuient de leur propre chef des régimes qui ne leur assurent pas les conditions de vie qu'ils souhaitent, ou sont expulsés. D'autres cherchent à améliorer leur sort matériel. Les pays riches ont de tout temps offert leurs chances aux individus qui disposent d'une qualification ou de ressources élevées — médecins, artistes ou riches marchands — et à ceux qui, dépourvus de ces atouts, jugent qu'ils auront plus de chances d'obtenir un revenu relativement élevé ou des occasions de commercer dans un pays plus dynamique que le leur. Dans la Grèce ancienne déjà, outre les exilés politiques, les hommes étaient attirés à Athènes par la richesse d'une grande ville et d'un port actif, alors que les artistes, les savants et les philosophes entendaient participer à une vie intellectuelle prestigieuse [1].

Les migrations qui ont suivi la Seconde Guerre mondiale ont convergé vers les pays riches du nord de l'Europe occidentale [2]. Selon l'histoire de leur élaboration nationale, leur tradition politique, leur situation démographique et leurs besoins économiques, les politiques d'immigration de ces pays ont été, apparemment, chaque fois différentes. Réfléchir de manière comparative sur ces expériences peut apporter des arguments à un débat qui, plus encore que les autres, risque de rester franco-français. Comprendre le sens des politiques menées par nos partenaires plus ou moins proches devrait permettre d'éviter les contre-vérités et, par exemple, de ne pas « réinventer » des politiques qui ont déjà échoué chez eux.

On ne relatera pas ce que furent les décisions des gouvernements européens pour régler les flux des populations et traiter de la condition sociale des immigrés installés. Dans tous les pays, la production législative et réglementaire est immense ; de plus, elle ne règle pas toujours les pratiques. Il ne s'agit pas ici de décrire le *contenu* des politiques

1. Whitehead, 1977, p. 18.
2. Depuis dix ans, elles se dirigent aussi vers l'Italie et l'Espagne.

d'immigration, mais de réfléchir sur le *sens* et les *limites* de ces politiques : quelles furent les intentions explicites ou implicites des responsables ? Quelles contraintes pèsent sur les politiques d'immigration ? Comment la législation fut-elle appliquée ? Quels en furent les effets, voulus ou non [1] ?

*

Ces questions sont essentiellement politiques. Or, jusqu'à présent, les migrations internationales ont été étudiées surtout par les démographes et les économistes, conduits, étant donné leur point de vue, à sous-estimer la dimension politique et l'effet des politiques publiques. Les premiers analysent les migrations en termes de pression démographique : les pays faiblement peuplés exercent un attrait *(pull)* sur les pays surpeuplés, dont les responsables favorisent souvent le départ, au moins pour un séjour provisoire, de leurs ressortissants *(push)*. Pour les économistes marxistes, les immigrés contraints de s'expatrier pour louer leur force de travail constituent la nouvelle armée de réserve industrielle, qui permet la surexploitation des prolétaires issus du tiers monde par la bourgeoisie des pays développés. Les économistes « néolibéraux » ont, eux, appliqué aux migrations internationales le modèle des migrations internes : elles sont fonction des différences de salaires entre pays d'origine et pays d'accueil et de la probabilité de trouver un emploi dans ce dernier ; de ce fait, elles sont réglées par des décisions individuelles et familiales induites par les seules forces du marché, indépendamment des relations entre pays d'émigration et d'immigration et des politiques menées par ces derniers.

1. On trouvera les ouvrages essentiels traitant du contenu des politiques d'immigration indiquées en corps gras dans la bibliographie.

Mais les politologues eux-mêmes, au moins jusqu'en 1991[1], ont peu étudié les politiques d'immigration, en particulier en France[2]. Leurs liens avec la politique économique, les problèmes de main-d'œuvre, l'ordre public et l'ensemble des politiques sociales les rendent difficiles à isoler. Si l'on donne un sens large à la notion de politique d'immigration, presque tous les ministères sont concernés. Or, dans leurs analyses, les spécialistes des politiques publiques ont tendance à définir leur secteur à partir du découpage par ministères : politique agricole, politique économique, politique industrielle, etc.[3]. De plus, en France, la dispersion administrative n'est pas seule en cause. La tradition de l'intégration « à la française », selon laquelle on s'efforce d'intégrer les étrangers autour des valeurs « républicaines » en les transformant progressivement en citoyens, a entretenu une idéologie nationale de l'enracinement et de l'éternité française qui empêchait de reconnaître le fait de l'immigration. Du coup, les institutions spécialisées et les mesures particulières aux immigrés étaient vouées à la disparition : instruments et objets des politiques d'immigration semblent se dissoudre.

Migrations en Europe

Depuis la Seconde Guerre mondiale, des populations diverses ont migré vers les pays européens de l'Ouest : les

1. Weil, 1991.

2. Un traité de science politique consacré (Grawitz-Leca, 1985) étudie, entre autres, « les politiques industrielles et économiques », « les politiques agricoles », « les politiques de formation », « les politiques des autorités locales » et même « les politiques du cadre de vie », mais ignore les politiques d'immigration.

3. F. d'Arcy et Y. Prats, *in* Grawitz-Leca, 1985, p. 261.

réfugiés et personnes déplacées, à la suite de la guerre (par exemple, Polonais en Grande-Bretagne, Allemands de l'Est expulsés et refoulés vers l'Ouest) ; les nationaux retournant dans la métropole quand se sont dissous les empires coloniaux (les « pieds-noirs » en France) ; la main-d'œuvre de haute qualification menant une carrière transnationale ; les travailleurs immigrés issus de l'Europe du Sud et des pays du tiers monde venus chercher du travail ; les populations « indigènes » des pays anciennement colonisés. Cet ouvrage traitera des politiques qu'ont menées et que mènent à l'égard de ces deux dernières catégories les nations de l'Europe de l'Ouest, caractérisées par une histoire nationale ancienne, des pratiques démocratiques, un haut développement économique et de larges transferts sociaux, compris entre 40 et 55 pour 100 du PNB.

Par son importance et sa diversité, ainsi que par le faible contrôle exercé au cours des années 1960 par la plupart des pays sur les flux migratoires, ce mouvement de populations est sans précédent. On estime qu'entre vingt et trente millions d'étrangers (soit 8 pour cent de la population totale) sont entrés en Europe, dont près d'une vingtaine se sont installés de manière durable, alors que 6 pour 100 seulement de la population américaine est aujourd'hui née à l'étranger. Encore ces chiffres sous-estiment-ils probablement la réalité. Outre les acquisitions de la nationalité, nombreuses en France et en Suède par exemple, certains immigrés originaires des anciens pays coloniaux jouissent immédiatement de la nationalité britannique, française ou néerlandaise.

Jusque dans les années 1960, la France, pays de tradition et d'idéologie unitaires, voulait ignorer qu'elle était une vieille terre d'immigration. Les autres pays européens, y compris le Royaume-Uni, en dépit de l'immigration irlandaise, se concevaient comme des pays d'émigration plutôt que d'immigration. Entre 1960 et 1973, l'analyse de la situation de la RFA valait pour tous : « Il y a eu un tel manque de prévision dans la politique d'immigration de la RFA qu'elle pourrait être décrite par l'expression de "non politique". Si elle a jamais "existé", c'est seulement pour résoudre par des mesures *ad hoc* les problèmes au fur et à mesure qu'ils se posaient [1]. » La formule n'est pas tout à fait exacte, dans la mesure où les pays, telle la RFA, qui entendaient mener une politique de *Gastarbeiter*, c'est-à-dire de travailleurs « hôtes », venus provisoirement remplir une tâche limitée, s'efforçaient de maîtriser les flux, en organisant le recrutement et la rotation des travailleurs. Mais il est vrai que les gouvernements allemand ou suisse ne concevaient pas de politique sociale à l'égard d'immigrés dont ils voulaient avant tout limiter la durée du séjour. Quant aux autres pays, ils n'ont jamais clairement pensé qu'il s'agirait d'une installation permanente. Au cours de la grande vague d'immigration vers les pays riches de l'Europe dans les années 1960, les migrations « spontanées » ont été la règle, les migrations organisées l'exception.

Or, ce fait est exceptionnel dans l'histoire des migrations. La politique des États-Unis ou de l'Australie a toujours été fondée sur un contrôle très sévère des entrants en fonction de leur âge, de leur qualification et de leur pays d'origine. Aujourd'hui encore, la politique d'immigration des États-Unis et du Japon consiste à tenter de s'approprier une main-d'œuvre hautement qualifiée [2].

Bien que les origines nationales des migrants, le rythme et les occasions des migrations aient été chaque fois spécifiques, les grandes étapes ont été parallèles. La Suisse dès 1950, puis tous les pays européens au cours de la période

1. H. Esser et H. Korte, *in* Hammar, 1985, p. 201.
2. Fondation Saint-Simon, 1991.

des « Trente glorieuses » entre la fin des années 1950 et 1973-1974, ont utilisé massivement la main-d'œuvre étrangère. Entre 1970 et 1974, tous les gouvernements européens ont décidé d'« arrêter » l'immigration, c'est-à-dire de la limiter aux familles, aux demandeurs d'asile, aux étudiants, aux travailleurs saisonniers et aux citoyens de la Communauté économique européenne. Le choc pétrolier, la récession économique et la restructuration industrielle rendaient les économies moins tributaires de l'emploi d'immigrés peu qualifiés. D'autre part, entre 1960 et 1975, la part des impôts et cotisations sociales dans le PNB avait presque doublé : certains responsables ont avancé l'argument que les immigrés coûtaient désormais plus qu'ils ne rapportaient et que leur présence avait retardé la modernisation de nombreux secteurs de l'économie nationale. Richesse collective et protection sociale risquaient d'être remises en question. Avec plus de passion, on s'est aussi interrogé sur l'identité nationale. Une partie de l'opinion publique affirmait que les étrangers installés de manière prolongée, sinon permanente, constituaient une menace pour l'homogénéité culturelle, condition de l'unité nationale, et même pour la pratique de la démocratie, comme en témoignait la renaissance de mouvements néofascistes en Angleterre, aux Pays-Bas et, plus tard, en France. L'arrêt proclamé de l'immigration était lié à la crise économique, mais ce fut aussi une décision politique.

Pourtant, les gouvernements européens ont réussi, au mieux, à limiter l'entrée de nouveaux travailleurs. La décision de suspendre les flux migratoires a eu avant tout pour effet de stabiliser la population déjà installée, d'intensifier les regroupements familiaux. Une immigration de travailleurs provisoires est devenue une immigration de peuplement. La population étrangère totale a augmenté tandis que la part des actifs diminuait. Les statistiques montrent, à partir du milieu des années 1970, la féminisation et la modification de la pyramide des âges de la population immigrée, qui cesse d'être formée à peu près exclusivement d'hommes jeunes et actifs : la structure démographique s'est normalisée. Dans tous les pays, le taux de chômage des étrangers est désormais supérieur à celui des nationaux. Le passé colonial en France et surtout en Grande-Bretagne a rendu l'immigration moins étroitement dépendante des phénomènes économiques qu'en RFA ou en Suisse, mais l'évolution n'a pas été fondamentalement différente. Les migrants sont désormais installés.

Cette installation pose des problèmes sociaux, elle soulève les interrogations des responsables politiques et des sociologues, qui sont formulées dans les mêmes termes à travers toute l'Europe occidentale. Parce que les nations européennes ont une tradition politique unitaire, elles s'inquiètent de la formation d'identités « ethniques » et de l'existence de « minorités », de l'élaboration d'une société « multiculturelle » sur le modèle américain [1], du caractère plus ou moins « assimilable » des nouveaux venus et en particulier des musulmans. Se référant d'une manière ou d'une autre à une tradition chrétienne ou laïque, elles s'interrogent pour savoir si l'islam minoritaire est susceptible de s'institutionnaliser et d'instaurer des relations stables avec les autorités politiques sur le modèle des autres organisations religieuses. Parce que ce sont des sociétés riches et démocratiques, qui prétendent offrir à leurs membres l'égalité des chances, elles craignent les effets sociaux d'une mauvaise qualification, du chômage et de la délinquance d'une partie de la population issue de l'immigration. On discute pour savoir s'il faut accorder des droits politiques aux populations étrangères et — *last but not least* — on

1. Sur ce thème, voir Freeman, 1986, p. 60.

redoute le développement du « racisme » et la renaissance de l'extrême droite.

Nation et immigration

On doit en effet interpréter les politiques d'immigration comme une des dimensions de l'élaboration nationale. Je partirai de la définition proposée par ailleurs [1]. La nation est une forme politique qui transcende les différences entre les populations, qu'il s'agisse des différences objectives d'origine sociale, religieuse ou nationale, ou des différences d'identité collective, en les intégrant en une entité organisée par un projet politique commun. Elle crée un espace politique, donc juridique, administratif et social, à l'intérieur duquel sont réglés les relations, les rivalités et les conflits entre les individus et les groupes.

Malgré l'intensité croissante des échanges de populations, de produits, de capitaux et d'informations par-delà les frontières nationales, malgré l'interdépendance accrue entre les hommes et la diffusion sur tous les continents d'idées et de modèles qui n'appartiennent plus à une nation particulière, la nation, même affaiblie, reste une instance de régulation et un lieu d'identification privilégié. La dimension nationale est présente dans le droit, dans les manières de vivre et de penser, dans l'inconscient collectif que l'individu intériorise tout au long de sa socialisation. Mais la nation n'est jamais constituée une fois pour toutes. Elle n'est pas un donné, elle s'élabore et se maintient par un processus continu d'intégration de populations diverses, jamais complètement achevé, qui par définition inclut les uns — les nationaux — et exclut les autres — les étrangers.

1. Schnapper, 1991, pp. 71 *sqq*.

Le concept d'intégration utilisé ici désigne le processus par lequel les individus participent à la vie collective par l'activité professionnelle, l'apprentissage des normes de consommation, l'adoption des comportements familiaux et sociaux, l'établissement de relations avec les autres. Il ne s'agit pas de réduire l'intégration des immigrés à l'intériorisation de normes imposées par l'extérieur. Comme les autres, ils gardent des marges de jeu, des possibilités de réinterpréter ces normes et de participer à l'invention commune des modèles collectifs. L'« intégration » des immigrés, qui occupe la scène politique, n'est qu'une dimension particulière de l'intégration nationale.

De toute part, on a critiqué la politique d'« assimilation » des immigrés, traditionnelle en France, en sorte que le terme lui-même est devenu tabou. On a aussi reproché à la sociologie des migrations le fait que, depuis le livre de Shmuel Eisenstadt [1], elle repose sur l'idée implicite que les immigrants vont et doivent être « assimilés » dans la collectivité qui les accueille [2]. Les chercheurs ne font qu'adopter, implicitement ou explicitement, le point de vue des responsables politiques : la politique suivie, quelle que soit l'idéologie proclamée, vise toujours à accroître l'homogénéité des individus qui constituent la nation. Par définition, la nation est, pour garder le terme canadien, « ethnophage [3] » ou, comme on l'a écrit de manière plus polémique à propos de l'État français et de la Bretagne, « ethnocidaire » *(sic)*. L'unification politique et l'effort d'homogénéisation culturelle qui lui est lié entraînent la disparition ou, à tout le moins, la réinterprétation des particularismes. Toute construction nationale accroît l'homo-

1. Eisenstadt, 1954.
2. Schierup, 1987.
3. J. A. Laponce, *in* Guillaume, 1986, p. 68.

généité interne et la différenciation entre nations. Mais l'analyse ne peut en rester au seul constat du dépérissement des formes politiques préexistantes sans évaluer les effets de la construction nationale sur le destin des hommes. Comme toute œuvre historique, la nation a été à la fois créatrice et destructrice. Elle a aussi permis la participation des individus à l'aventure de la modernité.

L'immigration est, en tant que telle, un défi pour la nation. L'installation de populations appartenant à une autre tradition culturelle et politique remet en question le processus d'intégration nationale et conduit les responsables à mener une politique dont le sens est de contrôler ou d'atténuer les formes de différenciation qu'introduit inévitablement la présence définitive de populations étrangères. La nation peut être constituée, comme en Europe, par des siècles d'histoire commune ou, dans les grands pays d'immigration, États-Unis, Canada, Australie, par un projet de colonisation, symbolisé par l'idéologie de la liberté et la volonté proclamée de construire un homme nouveau détaché des pesanteurs des vieilles sociétés européennes : dans tous les cas, l'immigration touche à des éléments constitutifs de la nation.

C'est ce qui explique la politisation intense des débats qu'elle soulève. L'exemple du Canada est à cet égard particulièrement clair. Malgré le compromis de 1867 entre les peuples anglais et français, dits fondateurs, les Canadiens n'ont cessé de s'interroger sur leur identité nationale et de se demander s'il existait un, deux ou plusieurs Canada. Toute immigration y remet en cause l'équilibre entre francophones et anglophones et les termes de l'accord politique. Les Québécois ont toujours eu le sentiment que l'immigration servait d'instrument au maintien de la domination anglaise sur le pays. En Suisse comme en Belgique, on surveille strictement l'immigration afin que soient respectés les rapports entre les groupes de langues et de cultures. La France constitue un exemple extrême. C'est sans doute la plus politique des nations européennes ; elle s'est constituée autour de l'idée nationale pendant la Révolution et de la lutte entre cette idée et la tradition de l'Ancien Régime. La statocratie y est poussée plus loin qu'ailleurs, et le lien national reste la forme privilégiée du lien social. L'immigration, qui y fut depuis deux siècles plus nombreuse que dans les autres pays de l'Europe, constitue pour elle un défi plus grand.

Les communautés politiques, organisées autour de leurs intérêts communs et unies par leur expérience historique, acceptent comme membres ceux dont elles jugent — à tort ou à raison — qu'ils vont participer aux pratiques et aux valeurs de la vie collective. On peut justement s'indigner, au nom des droits de l'homme et des principes universels auxquels se réfèrent les démocraties, que la Grande-Bretagne interdise aux populations qui ont constitué le Commonwealth d'entrer et de s'installer dans le Royaume-Uni. On peut justement s'indigner que tous les pays européens imposent des conditions rigoureuses au regroupement familial et au droit d'asile. Mais cette critique morale ne doit pas empêcher de comprendre qu'il s'agit de conséquences logiques de l'organisation de l'ordre politique en nations, inévitablement constituées par l'inclusion des uns et l'exclusion des autres.

Les conditions d'admission dans une communauté politique dépendent de la manière dont celle-ci formule ses intérêts et perçoit son avenir. Les exigences pour devenir citoyen français, allemand ou américain ne sont pas les mêmes, parce que la conception du citoyen diffère d'un pays à l'autre. Les caractéristiques de l'État-providence tendent à accentuer la distinction entre les membres et les non-membres, les avantages dont bénéficient les nationaux dans les pays riches ne pouvant, à moins de les faire disparaître, être étendus à tous les non-nationaux qui souhaiteraient en bénéficier [1]. Cela ne fait que révéler la logique même de la formation de la nation.

L'État régulateur du lien social

Il est banal de rappeler qu'à ses fonctions régaliennes l'État moderne ajoute désormais de multiples interventions dans l'ordre économique, social et culturel. Qu'on les mesure au nombre des agents chargés de les appliquer ou à leur budget, elles ont été multipliées par cinq environ depuis quarante ans. On peut toutefois prolonger cette réflexion générale et préciser la nature de ces interventions. L'État est entrepreneur, c'est-à-dire responsable d'entreprises publiques. Il est surtout devenu — et c'est essentiel en ce qui concerne la politique d'immigration — régulateur du lien social. Il intervient en effet pour assurer l'organisation des grands services publics, tels l'équipement, l'éducation, l'aménagement de la ville et d'une partie du logement ; pour réguler les conflits sociaux nés de la vie économique entre les « partenaires sociaux » ; enfin pour redistribuer les ressources collectives entre les groupes par l'ensemble des transferts sociaux [2]. Les immigrés bénéficient de l'ensemble de ces actions, qui contribuent, par leur dynamique propre, à créer et entretenir le lien social.

L'exemple de la protection sociale est à cet égard significatif. C'est une dimension nécessaire des sociétés modernes, intimement liée aux valeurs qui fondent la légitimité politique, à la conception qu'elles se font de leur projet

1. Freeman, 1986.
2. Paugam, 1992.

et de leur destin. La démocratie est fondée sur la citoyenneté de chacun de ses membres, qui disposent des droits civils, des droits politiques depuis le siècle dernier, et des droits sociaux avec le développement contemporain de la protection sociale. Tout individu a le droit de mener une existence dans des conditions décentes et même, d'après l'idéologie implicite qui anime la politique du revenu minimum d'insertion (RMI), de participer à la vie collective. La citoyenneté ne se réduit pas à la « citoyenneté économique et sociale », mais cette dernière est une des conditions de l'exercice de la véritable citoyenneté démocratique. C'est pourquoi les politiques publiques s'efforcent de garantir à chaque individu, grâce à des transferts de ressources, le niveau de vie et la sécurité matérielle que la société juge indispensables à la vie humaine. Dans la mesure où elles s'appliquent également aux immigrés, elles aident à transformer des travailleurs provisoires venus apparemment pour raisons économiques en résidents permanents, qui participent progressivement, de manière de plus en plus active, à la vie collective.

En France, les grandes lois sociales de la IIIe République — sur les accidents du travail (1898), sur les vieillards et les indigents (1905) — étaient réservées aux nationaux. La loi sur les syndicats de 1884 excluait les étrangers des instances dirigeantes et la loi sur les prud'hommes leur interdisait de participer aux élections des délégués ouvriers. Dès la fin de la Seconde Guerre mondiale, on est revenu sur cette législation. L'ordonnance du 2 novembre 1945 a désormais fondé le statut juridique des étrangers sur le principe de leur « assimilation » avec les nationaux en matière de salaires, de protection sociale et de droit du travail. Dans toute l'Europe, une législation s'est progressivement élaborée qui, depuis la fin des années 1960, assure aux étrangers l'égalité des droits civils et sociaux, à l'exception de certaines allocations dites « non contributives », directement liées à la solidarité nationale. Ils sont, en revanche, privés des obligations et des droits spécifiquement politiques (service militaire, droit de vote, accès à la fonction publique, mandats électoraux).

La politique sociale découle de deux logiques : la protection générale, s'adressant à toute la population, fondée sur le principe de l'assurance et directement liée à l'emploi ; les interventions particularistes, destinées à certaines catégories, justifiées par le principe de la solidarité nationale et les droits de l'homme, en dehors de tout rapport à un emploi. Les immigrés ont droit à l'une et l'autre protection, mais le sens n'en est pas équivalent.

En ce qui concerne la protection générale, l'immigré en situation régulière dispose de l'ensemble des droits directement ou indirectement liés à l'emploi. Or, l'emploi est beaucoup plus que la simple justification d'un salaire rétribuant une activité précise. L'institution de la Sécurité sociale en France et les grandes lois sur les négociations collectives et la représentation des salariés, qui ont complété le droit du travail, ont pour effet de remplacer le salaire « brut » (c'est-à-dire correspondant directement au travail fourni) par le salaire « social », comportant une série d'obligations et de droits. Le titulaire d'un emploi permanent doit en effet respecter la législation du travail et payer ses cotisations sociales. Mais en même temps, il bénéficie d'une série de droits. La législation le protège contre les accidents du travail, et fixe la durée et les conditions de celui-ci. Elle lui assure des congés payés, des compensations financières en cas de maladie, de chômage et de grossesse, une retraite. L'indemnisation du chômage a encouragé les chômeurs étrangers à rester dans le pays où ils avaient acquis des droits par leur travail. L'emploi ouvre aussi des droits à la protection sociale de l'épouse et des enfants. En 1975, l'augmentation des allocations familiales en RFA *(Kindergeld)*, qui étaient accordées seulement si les enfants résidaient en Allemagne a accéléré le rythme de l'entrée des enfants des travailleurs étrangers installés. Dans tous les pays européens, ils ont le droit d'accéder à l'enseignement public, même si leurs parents sont en situation irrégulière.

Au-delà de ce qui peut apparaître comme une sorte d'assurance, directement liée au prélèvement obligatoire des cotisations sociales sur le salaire, l'emploi est aussi à la source de droits proprement politiques à l'intérieur de l'entreprise : il permet au salarié de participer à la vie syndicale et à l'élection des représentants du personnel, d'être lui-même élu, de bénéficier des œuvres sociales et culturelles de l'entreprise. Plus qu'un « salaire social », comme l'appellent les spécialistes des affaires sociales, le titulaire d'un emploi permanent se voit assurer un véritable statut, plus ou moins dissocié de son activité, c'est-à-dire une série de droits politiques [1]. Dans toute l'Europe, sous une forme ou sous une autre, le titulaire d'un emploi permanent participe à ce qu'on a appelé la « démocratie de l'entreprise ».

La prise en charge des besoins des immigrés par les administrations sociales a d'ailleurs eu pour effet de limiter l'existence et le rôle des associations d'entraide « ethniques », caractéristiques des migrations anciennes aux États-Unis. La solidarité est désormais détachée des réseaux « communautaires », et la protection sociale est devenue la contrepartie de l'apport de l'individu à l'activité économique. Dans la vie locale américaine aujourd'hui, les médiateurs entre la population et les autorités urbaines ne sont plus les représentants des « communautés culturelles »,

1. Schnapper, 1989 (b).

mais les bureaucrates du *welfare state*[1]. Fonctionnaires de l'administration sociale et éducateurs spécialisés ont pris en charge des besoins auxquels répondaient les associations « ethniques », réduisant une des sources essentielles de la solidarité entre immigrés.

Bien entendu, ces droits sont liés à l'emploi régulier et permanent. Dans les faits, beaucoup d'immigrés ont commencé par occuper des emplois clandestins ou intérimaires et provisoires, directement liés à un contrat de travail et n'ouvrant guère de droits sociaux. Mais, avec le temps, tous les immigrés en situation régulière ont acquis en droit et progressivement exercé en fait les droits économiques et sociaux des résidents permanents, égaux à ceux des nationaux.

Les immigrés ne bénéficient pas seulement de la protection générale, c'est-à-dire des droits généraux ouverts par l'emploi, directement ou indirectement, et fondés sur la logique de l'assurance, selon laquelle l'individu actif cotise pour obtenir des compensations lorsque lui-même ou ses « ayants droit » sont malades, âgés ou licenciés. Ils peuvent être les bénéficiaires des politiques compensatoires, destinées à des populations particulières et fondées sur le principe de la seule solidarité nationale, sur l'idée que la collectivité, au nom du respect des droits de l'homme et de la citoyenneté de chaque individu, a le devoir d'assurer la survie des plus démunis dans des conditions tolérables. C'est au nom de cette solidarité et non des droits ouverts par un emploi passé, indirect ou futur que sont adoptées les politiques compensatoires destinées à des populations particulières : les jeunes, les handicapés, les allocataires du RMI, etc. On verra dans le dernier chapitre comment — conformément aux recommandations des institutions

1. O'Brien, 1975.

internationales — les politiques compensatoires sont appliquées et peuvent s'appliquer aux populations immigrées.

La politique sociale a toujours eu pour ambition et pour fonction de stabiliser les populations migrantes, nationales ou étrangères, autour de leur activité professionnelle et de rendre supportables les conditions de la vie économique moderne. L'État, protecteur et régulateur du lien social, a contribué à installer les travailleurs issus des vagues d'immigration massive des années 1960 et leurs enfants dans les sociétés occidentales libérales. Mais cette action a été d'autant plus efficace qu'elle rencontrait la demande des immigrés eux-mêmes.

Pour la majorité d'entre eux, arrivés entre le début des années 1960 et le milieu des années 1970, l'émigration a été à la fois économique et culturelle. Même s'ils pensaient, comme les Européens, en termes économiques, les migrants avaient un projet de mobilité, d'aspiration à la modernité, avec toutes les valeurs qui lui sont attachées. Leur départ était le fruit d'une rupture avec les sociétés paysannes et traditionnelles. La migration venait accélérer un processus déjà entamé dans le pays d'origine. Ayant déjà pris une certaine distance à l'égard du monde traditionnel, les migrants des années 1960 ont constitué une population pauvre, mais pas misérable et rendue ambitieuse par sa position dans le pays d'origine.

C'est ce qui explique qu'ils aient pu adopter rapidement les comportements économiques de la société d'installation et, à partir de là, réinventer un nouveau mode de vie. A travers les comportements économiques, c'est l'ensemble du rapport au monde qui s'est trouvé modifié. La présence des femmes a accéléré l'évolution. Même les plus modestes, qui vivent entre compatriotes dans leur travail et dans leur foyer, connaissent une forme d'acculturation. La profondeur de la transformation est illustrée par la difficulté, sinon l'impossibilité, pour les immigrés devenus résidents permanents, et encore plus pour leurs enfants, de retourner dans le pays d'où sont partis les migrants.

Il n'en existe pas moins une limite à cette acculturation, même dans les familles les plus modernisées. A travers la vie de famille se transmet le « noyau dur » de la culture d'origine, c'est-à-dire le système de normes et de valeurs qui, dans les cultures méditerranéennes par exemple, règle les comportements des individus selon leur âge, leur sexe et leur statut familial et fonde les relations de « respect » entre les générations et les sexes, source de l'honneur familial. Les immigrés élaborent ainsi une culture spécifique, mais stable, en bricolant autour de ce « sentiment de l'honneur et de la dignité de l'homme » (Max Weber) des éléments empruntés à la culture moderne, qui leur permet de participer à la société d'installation tout en maintenant leur identité la plus profonde. Leurs enfants, lorsqu'ils ont été scolarisés dans le pays d'installation, appartiennent, malgré des formes de fidélité au pays d'origine de leurs parents, à la culture de la société dans laquelle ils ont été socialisés [1].

*

Depuis le tournant de 1970-1975, les politiques d'immigration des divers pays européens tendent à se rapprocher, même si elles sont loin de se confondre. Les processus d'acculturation des populations immigrées, les principes du droit auxquels obéissent toutes les nations démocratiques, la similitude des problèmes économiques et sociaux, la construction de la CEE conduisent tous les pays à mener des politiques qui diffèrent moins les unes des autres que les législations nationales et les discours ne semblent l'indi-

1. Schnapper, 1991, pp. 145 *sqq*.

quer. Cette nouvelle convergence des politiques d'immigration ne révèle-t-elle pas à la fois la spécificité des traditions et des volontés politiques, mais aussi les contraintes qui pèsent sur elles ?

Alors que s'achève un cycle de migrations massives, celui de la main-d'œuvre peu qualifiée issue du tiers monde utilisée par les pays industriels lors des trente glorieuses années de leur développement économique, on peut d'autant plus réfléchir sur cette expérience que, dans l'avenir, l'immigration vers l'Europe occidentale, formée de pays riches, à fécondité faible et population vieillissante, est *inévitable.*

CHAPITRE PREMIER

LA POLITIQUE D'IMMIGRATION

DÉFINITION

Je qualifierai de politique d'immigration l'ensemble des mesures et des pratiques sociales adoptées — selon les deux axes inévitables et complémentaires de toute politique d'immigration — pour :

1. Réglementer et contrôler l'entrée, le séjour et l'emploi des non-nationaux — y compris l'encouragement au retour et la lutte contre l'immigration clandestine;

2. Traiter des populations déjà installées sur le territoire national. Il peut s'agir de dispositions générales, de la protection sociale liée à l'emploi, de la politique d'éducation, de logement, de l'emploi, qui s'appliquent aux immigrés en situation régulière au même titre qu'aux nationaux. Il peut s'agir aussi de mesures et de pratiques spécifiques ou directes destinées aux seuls immigrés : assurer l'égalité de leurs droits civils et sociaux, les alphabétiser, leur donner des cours de langue, assurer à leurs enfants un enseignement particulier, etc. Mais elles n'échappent pas à la logique de l'ensemble des politiques sociales : elles s'inscrivent à l'intérieur des politiques compensatoires, qui, par définition, s'adressent à des populations particulières.

Ces deux dimensions — qui, en termes économiques,

pourraient être qualifiées de « contrôle des flux » et de « gestion des stocks » — sont inséparables[1]. Certains les jugent « contradictoires », dans la mesure où la « politique d'immigration » aurait pour but de maintenir le pouvoir de l'État de disposer librement de la force de travail étrangère en fonction des besoins de l'économie, alors que la « politique d'intégration » viserait à faire participer les immigrés installés à la vie collective et à répondre à leurs besoins sociaux et politiques[2]. Elles peuvent apparaître contradictoires sur tel ou tel point particulier. Mais, dans l'ensemble, elles sont d'abord complémentaires. D'une part, un fort contrôle externe des flux autorise une politique libérale à l'égard des immigrés, une fois que ceux-ci sont entrés sur le territoire national ; inversement, un accès facile impose qu'on adopte ensuite des mesures de surveillance plus étroites. D'autre part, une politique généreuse en termes d'« intégration » (accès facile au marché de l'emploi, droits civils et sociaux égaux à ceux des nationaux, possibilité d'acquérir facilement un logement convenable) implique nécessairement que soit maîtrisée l'entrée sur le territoire national : les bénéfices de la « politique d'intégration » ne peuvent être indéfiniment étendus.

On ne peut opposer la rigueur de certains pays d'immigration au laxisme d'autres sans tenir compte de *l'ensemble* des moyens de contrôle — externes et internes — qui s'exercent sur les étrangers. Aux États-Unis, au Canada, en Australie, les gouvernements s'efforcent de définir le nombre et la qualité des immigrés, en appliquant une politique de quotas selon l'appartenance nationale d'origine

1. Comme l'a déjà noté T. Hammar, en qualifiant la première de « politique d'immigration » et la seconde de « politique d'intégration » ; *cf.* Hammar, 1985.

2. H. Esser et H. Korte, *in* Hammar, 1985, p. 198.

et la qualification professionnelle (mesurée au Canada par un système complexe de catégories, de niveaux et de « points d'immigration »). Dans le cas américain, les candidats à l'immigration demandent un visa dans les consulats américains à l'étranger et obtiennent, avant même d'arriver sur le sol américain, le titre de résident permanent et le libre accès au marché du travail. Ils peuvent ensuite louer un appartement, prendre un emploi ou cotiser à la Sécurité sociale, sans que personne les interroge sur leur statut vis-à-vis des services d'immigration et sans que le gouvernement prenne aucune mesure spécifique pour favoriser leur « intégration ». Une fois admis, ils voient respecter leur droit à la liberté individuelle et participent comme les autres aux risques et aux bénéfices d'une société libérale. Cette politique a été efficace tant que les candidats à l'immigration venaient de pays lointains. Elle conduit aux problèmes classiques de la surveillance des frontières terrestres et de la clandestinité depuis qu'une bonne partie des mouvements de populations se font à partir de l'Amérique latine et que nombreux sont ceux qui franchissent illégalement la frontière. En Grande-Bretagne également, les immigrés, après leur entrée, ne sont soumis qu'à un contrôle faible[1]. La Suède, très libérale dans le traitement et le respect des spécificités culturelles des populations installées, surveille rigoureusement ses frontières. En revanche, jusqu'en 1970, la Suisse, qui laissait facilement entrer les étrangers, soumettait ensuite leurs déplacements et leur activité professionnelle à une surveillance administrative et même policière très sévère : s'en tenant à une politique de contrats de travail, elle entendait protéger les nationaux de la concurrence des étrangers. La France, qui a toujours connu une forte immigration clandestine, pra-

1. Z. Layton-Henry, *in* Hammar, 1985, p. 108.

tique également un contrôle plus serré sur les étrangers présents sur son territoire.

Les changements de politique en Europe démontrent le lien entre les deux dimensions de la politique d'immigration. Jusqu'en 1960 l'immigration était faible, les flux de population peu contrôlés, en tout cas dans les pays qui n'entendaient pas mener une politique de *Gastarbeiter*, la politique spécifique à peu près inexistante. Entre 1960 et 1970-1975, les vagues d'immigration se sont accrues, mais la politique n'a pas changé : accès relativement facile et mesures directes peu nombreuses. En France, l'État, par la création du Fonds d'action sociale en 1964, s'était donné les moyens juridiques et financiers nécessaires pour loger les travailleurs célibataires dans des foyers. Mais les mesures d'application tardèrent. Il fallut l'incendie de 1970 dans un foyer, qui entraîna la mort de quatre travailleurs maliens, et le programme de la « nouvelle société » de Jacques Chaban-Delmas, pour que tous les bidonvilles soient finalement détruits en 1975. L'action sociale n'a atteint que progressivement les immigrés. Au cours de ces deux périodes, malgré les chiffres d'immigration très différents, maîtrise des flux et politique sociale à l'égard des immigrés ont été faibles.

En revanche, l'effort pour « arrêter » l'immigration en 1970-1975 s'est accompagné dans tous les pays européens de mesures destinées à intégrer les populations stabilisées. On a dès lors combiné, selon des modalités variables, contrôle des flux et politique sociale. Dans son introduction au *White Paper*, qui devait aboutir au *Race Relations Act* de 1976, Harold Wilson affirmait que le contrôle des flux devait s'accompagner des mesures nécessaires « pour promouvoir l'intégration dans le sens le plus large du mot, en termes de logement, de santé, d'éducation et tout ce qui peut être fait pour minimiser les troubles sociaux susceptibles de naître de ce problème social[1] ». Une formule devint célèbre en Angleterre : « Sans intégration, la fermeture est inexcusable ; sans fermeture, l'intégration est impossible. »

Cette politique fut générale. En 1973, l'Allemagne, sans renoncer formellement à sa politique d'« hôtes provisoires », a pris des mesures pour intégrer ceux qui étaient présents : en même temps, elle a posé des conditions rigoureuses à l'entrée de populations nouvelles. En Suisse, à partir de 1970, le changement de politique, là aussi, a consisté à contrôler plus sévèrement l'entrée des immigrants en même temps qu'à libéraliser la législation concernant les étrangers installés dans le pays[2]. Le projet de mémorandum sur les minorités aux Pays-Bas, publié en avril 1981, qui prévoyait un ensemble de mesures, les unes générales, les autres spécifiques, en faveur des populations installées, accompagnait l'arrêt officiel de l'entrée de nouveaux immigrants. De même, la Grande-Bretagne, chaque fois qu'elle a pris des mesures pour restreindre l'entrée des ressortissants des anciens pays coloniaux dans les îles Britanniques, a adopté en même temps des mesures législatives pour lutter contre le racisme[3].

L'organisation administrative révèle le lien entre les deux dimensions de la politique d'immigration. La Suède, en créant en 1969 une administration unique *(Statens invandrarverk)* qui rassemble l'ensemble des services chargés les uns de l'entrée et les autres du traitement des populations étrangères, a démontré l'unité de la politique d'immigration. En revanche, l'absence de coopération entre les diver-

1. Cité *in* Jenkins-Solomos, 1987, p. 37.
2. H. J. Hoffmann-Nowotny, *in* Hammar, 1985, p. 227.
3. Z. Layton-Henry, *in* Hammar, 1985, p. 264.

ses administrations aux Pays-Bas a retardé la définition et l'application d'une politique cohérente[1].

Ce lien me conduit à utiliser le terme de « politique d'immigration » pour désigner *l'ensemble* des dispositions juridiques et des pratiques sociales adoptées pour régler l'entrée des immigrés et leur condition sociale après leur installation sur le territoire national. Je parlerai de *contrôle des flux* et de *politique sociale à l'égard des immigrés* quand il sera nécessaire de distinguer les deux dimensions de la politique d'immigration.

On ne peut se contenter de décrire la législation. Il faut analyser les pratiques et les représentations sociales.

La manière dont l'administration applique la législation peut en changer le sens. Alors qu'en France le Code de la nationalité est particulièrement « ouvert », le style de l'accueil dans les administrations, les délais des procédures et la non-justification des refus de naturalisation nourrissent l'idée qu'il est difficile d'acquérir la nationalité française. Le droit suédois, en revanche, donne tout pouvoir à l'État pour accorder ou refuser la naturalisation, mais son application est, dans les faits, extrêmement libérale.

La législation peut aussi rester lettre morte. Au cours de la période où la main-d'œuvre étrangère était nécessaire à l'économie française, le gouvernement français a entendu mener une politique de main-d'œuvre : toute entrée de travailleur étranger devait être organisée par l'Office national de l'immigration (ONI). Dans la pratique, on a vu « des camions et des autocars remplis de Portugais franchissant les Alpes pendant que les sergents recruteurs de Citroën et de Simca transplantent des Marocains, par villages

1. H. Entzinger, *in* Hammar, 1985, p. 81.

entiers, de leur "douar d'origine" jusqu'aux chaînes de Poissy, Javel ou d'Aulnay[1] ». De nombreux patrons engageaient des étrangers entrés légalement en France grâce à un passeport touristique, se contentant, ensuite, de « régulariser » leur situation avec l'ONI. Ces « régularisations » représentaient 82 pour 100 des recrutements en 1968, et les entrées officielles par l'intermédiaire de l'ONI, 18 pour 100. Malgré leurs déclarations successives, les gouvernements français ont accepté, de fait, l'immigration clandestine, alors que la Suède, par exemple, réussissait à peu près à l'interdire. Jean-Marcel Jeanneney, ministre des Affaires sociales en 1966, aurait reconnu que « l'immigration clandestine elle-même n'est pas inutile, car si l'on s'en tenait à l'application stricte des règlements et accords internationaux, nous manquerions peut-être de main-d'œuvre[2] ».

Les décisions administratives ou judiciaires peuvent également rester lettre morte. En 1989, plus de la moitié (52,9 pour 100) des reconduites à la frontière décidées soit par des tribunaux judiciaires, soit par l'administration n'ont pas été exécutées[3]. Contraintes juridiques et obstacles techniques (limitation des places disponibles dans les avions et droit des pilotes de les refuser) rendent difficile l'application des décisions d'expulsion.

Politique ou « non-politique » ?

Pendant la période de migrations massives, entre 1960 et 1973-1974, dans tous les pays européens, l'immigration

1. A. Griotteray, cité par Marie, 1988, p. 78.
2. *Les Échos*, 29 mars 1966, cité par Wihtol de Wenden, 1988, p. 161.
3. Weil, 1991, p. 240.

a précédé la formulation de la politique. Le travail des étrangers a été utilisé et parfois directement recherché par les gouvernements ou par les employeurs. Mais ni les différents pays ni la Communauté économique européenne n'ont planifié ou organisé l'entrée massive des migrants de l'Europe du Sud ou des pays du tiers monde. En ce qui concerne la *politique sociale à l'égard des immigrés*, l'absence de politique gouvernementale a laissé la place aux associations privées, qui ont joué un rôle essentiel pour défendre l'égalité des droits des immigrés et les faire bénéficier de la politique d'intervention sociale. En tout cas jusque dans les années 1970, les mesures des pouvoirs publics n'ont été que des réponses *ad hoc* aux problèmes immédiats. Lorsque la Suède, en 1968 et 1975, puis les Pays-Bas, en 1981, ont officiellement et explicitement précisé une politique, formulée en termes de reconnaissance de minorités culturelles ou ethniques, l'installation permanente d'une large population étrangère était déjà un fait accompli. En France, la création de la Direction de la population et des migrations (DPM) en 1966 a constitué le premier effort pour concevoir une politique globale et ne pas répondre seulement par des mesures ponctuelles à des problèmes sociaux au fur et à mesure qu'ils se posaient. Mais au niveau gouvernemental, les termes d'une véritable politique, liant contrôle des flux et politique sociale à l'égard des résidents, n'ont été formulés qu'en 1974. Le premier secrétaire d'État à l'Immigration, nommé par Valéry Giscard d'Estaing, lui a donné alors une double ambition, devenue le leitmotiv de tous les gouvernements européens : empêcher l'entrée de nouveaux travailleurs, améliorer la condition sociale des immigrés déjà installés. Mais cette politique était formulée *après* la grande vague d'immigration.

Doit-on en conclure qu'il n'y a pas eu de « politique

d'immigration», comme on l'a écrit à propos de l'Allemagne[1]? L'absence de mesures spécifiques peut être le résultat de l'impéritie, mais aussi d'une volonté soutenue par une conception libérale de la société. Le terme de «politique d'immigration» n'implique pas qu'on adopte des mesures directes en faveur des migrants. Il n'y a pas en Suisse et aux États-Unis de politique d'immigration, si l'on entend par là un ensemble de dispositions particulières destinées à répondre aux besoins spécifiques des immigrés[2]. Les étrangers qui sont installés en Suisse sont pourtant plus intégrés et plus «assimilés» qu'en Allemagne[3]. *Ne pas* prendre de mesures spécifiques à l'intention des immigrés — à l'exception de quelques dispositions, limitées et provisoires, dans l'école primaire et secondaire pour donner des cours de langue aux enfants étrangers — constitue une «politique d'immigration». Elle est fondée sur une conception libérale de la société et sur l'idée que, assurés de l'égalité de leurs droits civils et sociaux, les immigrés doivent, comme les autres, trouver en eux-mêmes les moyens de participer à la vie collective. En Europe, avant les années 1970 ou 1980, il y a bien eu une «politique d'immigration», même si la puissance publique est peu intervenue pour régler l'entrée des migrants et si la politique sociale ne s'est appliquée que progressivement aux immigrés. La non-intervention, volontaire ou involontaire, est, elle aussi, une forme de politique. «La politique publique est tout ce que les gouvernements décident de faire ou de *ne pas* faire[4].»

C'est pourquoi parler de «politique d'immigration»

1. Voir ci-dessus, p. 14.
2. H. J. Hoffmann-Nowotny, *in* Hammar, 1985, p. 224.
3. H. J. Hoffmann-Nowotny, *in* Hammar, 1985, p. 226. Voir plus loin p. 83.
4. Dye, 1975, p. 1.

n'implique pas que les gouvernements aient adopté une stratégie globale et continue. Il ne s'agit pas de suggérer une vision rationnelle de la politique suivie, mais de reconstruire la logique d'une action collective — même si les acteurs eux-mêmes ne l'ont jamais clairement conçue ou voulue et s'ils l'ont vécue comme le produit de discussions quotidiennes, de débats, de conflits et de manœuvres politiques et administratives entre des personnes et des groupes divers, entraînant parfois des conséquences imprévues.

Politisation et politique d'immigration

La politisation de l'immigration n'a pas consisté à débattre de la politique d'immigration. Aucune question ne divise autant les partis et ne suscite des alliances et des oppositions aussi imprévues. Jusqu'à une date récente (1988 en France), la politique d'immigration n'avait jamais fait l'objet d'un enjeu électoral entre les grands partis politiques : aucune campagne électorale n'avait opposé un parti proposant d'adopter une politique d'immigration à un ou plusieurs autres partis qui en défendaient une autre. Tous les gouvernements européens ont « arrêté » l'immigration au début des années 1970, sans que cette décision ait été l'objet de discussions partisanes ou de débats parlementaires : on verra ci-dessous que la marge de manœuvre des gouvernements est limitée, que la politique d'immigration constitue un compromis souvent peu glorieux entre les principes de la démocratie et les intérêts de la vie nationale. Étant donné à la fois l'extrême politisation — l'immigration touche à l'identité collective — et l'absence de débat ordonné selon l'organisation partisane, les politiques d'immigration en Europe ont été d'abord menées par des fonctionnaires et des technocrates, plus sensibles aux aspects policiers et économiques qu'aux dimensions sociales et politiques des migrations.

Dès 1964, une campagne électorale en Grande-Bretagne avait eu pour sujet principal le problème « noir ». Le *shadow* ministre des Affaires étrangères travailliste, Patrick Gordon Walker, avait été battu par le candidat conservateur, Peter Griffith, appartenant à la tendance Enoch Powell, qui faisait campagne contre l'immigration en provenance du Commonwealth non blanc. Mais ensuite, Enoch Powell fut écarté de l'establishment du parti conservateur et le problème n'a plus fait l'enjeu direct du débat au cours des campagnes électorales. Entre 1965 et 1975, les conservateurs et les travaillistes britanniques se mirent d'accord pour « dépolitiser » le problème racial. La législation antidiscriminatoire fut adoptée à la quasi-unanimité du Parlement.

En Suisse, c'est à la suite des initiatives populaires hostiles à l'*Überfremdung* — que les Suisses romands ont appelé la « surpopulation étrangère » — et de l'échec de deux référendums exigeant le départ des étrangers que le gouvernement a proposé et appliqué les mesures réglant l'entrée des étrangers sur le sol national. Ni le Parlement fédéral ni les partis politiques, divisés sur le sujet, ne sont intervenus nettement dans la prise de décision [1].

Le « problème des immigrés », qui a occupé en France la scène politique depuis le début des années 1970, a été l'objet de discussions, souvent passionnées, dans les médias, à l'intérieur des partis ou des coalitions de partis. En 1974, les conditions d'emploi et de logement des travailleurs immigrés, les circulaires Marcellin-Fontanet de 1972, liant la régularisation d'un travailleur étranger à la possession

1. H. J. Hoffmann-Nowotny, *in* Hammar, 1985, p. 231.

d'un logement, avaient fait l'objet de débats, d'incidents et de manifestations incessants depuis l'incendie mortel d'un foyer à la Noël de 1970. Pourtant la campagne de l'élection présidentielle n'a pas traité d'un problème qui risquait de diviser l'électorat de chacun des candidats du second tour. Le candidat Le Pen évoquait le danger communiste. Le nouveau président n'a formulé les termes du problème qu'*après* son élection. Lors de l'élection de 1981 (M. Le Pen n'était pas candidat), le thème des immigrés n'a été traité que fort discrètement.

C'est entre 1981 et 1985 qu'il devint une donnée centrale du débat politique. Il apparut d'abord lors d'élections locales, à Dreux en 1983, puis à Marseille et à Sarcelles, villes à forte présence d'immigrés. Mais il ne devint un enjeu national que lors de l'élection présidentielle de 1988.

La scène politique, depuis la fin de la Seconde Guerre mondiale, avait été dominée par le débat sur le communisme. Le Programme commun de gouvernement du parti socialiste, qui prétendait, avec l'appui du parti communiste, assurer la rupture de la France avec le capitalisme, en fut le dernier épisode. A partir du changement de politique de 1983-1984 et avant même l'implosion de l'empire soviétique, le centre du débat politique se déplaça sur les immigrés. Devenu gestionnaire, le parti socialiste a cessé d'entretenir le rêve d'une autre société plus juste et plus chaleureuse. La droite garde son image de réalisme. Les uns et les autres semblent mener une même politique économique, accusée de multiplier les exclus et de nourrir les amertumes. La xénophobie et le refus de l'autre ont toujours été exaspérés par les malheurs liés aux crises économiques. La dépolitisation, au moins apparente, des partis de gouvernement laisse désormais au Front national le monopole d'un discours véritablement politique, qui s'organise autour de la défense de l'identité française et du rejet des « immigrés ».

Le consensus entre les partis politiques, à l'exception du Front national, date de 1986. A l'automne 1985, Jacques Chirac et Laurent Fabius convinrent, lors d'une émission de télévision restée célèbre, qu'il n'y avait pas entre eux de « désaccord fort » sur ce problème. Par la suite, les interventions successives d'un gouvernement de droite (Pasqua-Pandraud), puis de gauche (Joxe) ont plus différé par le style que par le contenu et l'application. Mais ce consensus « raisonnable » est de moins en moins suivi par l'opinion, et le Front national sait utiliser cette divergence. Pour la première fois, les prochaines campagnes électorales porteront sur les politiques d'immigration.

Depuis 1980, le « problème des immigrés » a été politisé, aux Pays-Bas et surtout en France, par l'arrivée sur la scène politique d'un parti d'extrême droite pour lequel la nécessité d'expulser les immigrés et le danger que constitue leur présence sont des thèmes essentiels. Mais il s'agit d'utiliser les immigrés comme un argument de politique intérieure ou de nourrir, pour raisons électorales, des fantasmes, comme celui de « renvoyer les immigrés », non de discuter de la politique à adopter vis-à-vis d'eux ou vis-à-vis des nouveaux candidats à l'immigration.

La dépendance des politiques d'immigration

La politique d'immigration n'est pas séparable de l'ensemble de la politique nationale. Ce n'est pas un hasard si l'on parle d'« immigrés » en France, de « minorités raciales » en Grande-Bretagne, de « minorités ethniques » ou « culturelles » en Suède et aux Pays-Bas, d'« étrangers » en Allemagne et en Suisse : à travers ces termes, c'est tout le rapport à la société et au mode d'existence collectif qui s'exprime. On ne comprendrait pas la politique britannique si l'on ne tenait pas compte du fait que la présence des immigrés s'inscrit dans l'histoire du Commonwealth et que les modèles de la société coloniale — avec l'inégalité de groupes définis par la race et la gestion indirecte par l'intermédiaire de l'élite locale[1] — continuent à façonner le style des relations entre les nationaux et les citoyens britanniques issus des pays anciennement colonisés. Le passé de germanisation des populations polonaises avant 1914, l'exploitation des étrangers pendant la Seconde Guerre mondiale pèsent encore sur le sens et le style de la politique allemande. En Suisse, on remarque à juste titre que les exigences à l'égard des étrangers : travailler, se conduire de manière discrète et se conformer aux usages et conditions de la vie collective, sont également imposées aux nationaux[2].

La représentation que la nation se fait de sa propre mission influence aussi la politique : les idées appartiennent à la réalité objective. Malgré des crises souvent violentes de xénophobie, la France a toujours entretenu l'idée qu'elle avait une mission universelle et proclamé que ceux qui utilisaient sa langue, partageaient sa culture et ses idéaux politiques, symbolisés par les valeurs de la Révolution, pouvaient être intégrés à la collectivité nationale. Mais, en même temps, le souvenir de la colonisation et de la guerre continue à définir le sens des relations avec les Algériens, et même avec les Tunisiens et les Marocains. Contrairement à la France, la participation à la nation suisse ou allemande repose encore sur une adhésion de type ethnique ou communautaire, ce qui explique que le droit de la natio-

1. Voir ci-dessous, chap. III.
2. H. J. Hoffmann-Nowotny, *in* Hammar, 1985, p. 224.

nalité impose aux candidats à la naturalisation des conditions sévères : ils doivent faire la preuve qu'ils appartiennent déjà, par leur être même, à la communauté, au sens le plus profond et le plus affectif du terme.

Le *contrôle des flux migratoires* est une dimension de la politique de main-d'œuvre. A cause de la faiblesse démographique au cours du XIXe siècle, unique en Europe, les responsables français ont fait de l'immigration une dimension de la politique de peuplement : en 1945, les démographes autour d'Alfred Sauvy, du Haut Comité de la population et de l'INED poussaient le gouvernement à prendre des mesures dans ce sens. Un projet d'ordonnance, qui ne fut pas adopté, proposait de recruter des étrangers sélectionnés selon des normes professionnelles, sanitaires et selon un ordre d'« assimilabilité » : la nouvelle immigration devait comprendre 50 pour 100 de Nordiques, 30 pour 100 de Latins du Nord et 20 pour 100 de Slaves [1]. Les milieux gouvernementaux liés au Commissariat général du Plan la pensaient, en revanche, en termes de main-d'œuvre provisoire. Dans les faits, on l'a dit, la distinction entre les deux est devenue illusoire : le recours à l'immigration a été à la fois politique de peuplement et politique de main-d'œuvre. Outre que les immigrés occupaient des postes pour lesquels on ne pouvait trouver des nationaux, l'utilisation de travailleurs étrangers a donné une souplesse à l'appareil de production français, que la protection accordée aux salariés par l'État-providence et l'action des syndicats, encore « révolutionnaires », rendaient peu flexible. Comme l'aurait dit Georges Pompidou, président de la République, « l'immigration est un moyen de créer une

1. Weil, 1988, p. 49.

certaine détente sur le marché du travail et de résister à la pression sociale[1] ».

C'est d'ailleurs pourquoi le sort des immigrés est étroitement dépendant des conditions sociales générales. Les sociologues, qui étudient le développement de l'*ethnic business*, soulignent qu'il n'est pas séparable de la place faite à la petite entreprise par l'économie nationale et le droit commercial et fiscal. Les réglementations et les traditions économiques de l'Allemagne, de la Grande-Bretagne et des Pays-Bas lui sont peu favorables[2]. En Allemagne, par exemple, encore marquée par la politique de *Gastarbeiter*, les permis de résidence aux étrangers ne leur accordent en général pas le droit de devenir entrepreneurs. En revanche, les conditions de la vie aux États-Unis, en particulier la constitution de communautés ethniques, qui assurent une solidarité financière et un marché, permettent que le petit commerce « ethnique » y dispose d'une « niche ».

La *politique sociale à l'égard des immigrés*, elle, est une des dimensions de la politique sociale générale et des politiques compensatoires. En tant que salariés titulaires d'un emploi, les immigrés bénéficient de la protection sociale générale et les mesures prises directement en leur faveur font partie de la politique sociale compensatoire. Mieux un pays assure l'égalité de traitement grâce aux seules mesures de la protection générale, moins il est conduit à adopter des dispositions spécifiques. La Suède intervient d'autant moins directement en faveur des migrants que son système de transferts sociaux est généreux pour tous. En revanche, la politique très active pour lutter contre les discriminations en Grande-Bretagne est, entre autres facteurs, liée au développement relativement faible de la protection

1. Cité par Marie, 1988, p. 77.
2. Waldinger, 1990, en particulier pp. 177 *sqq*.

sociale. Si les étrangers connaissent une situation particulièrement favorable en Suisse, c'est tout simplement que les conditions de la vie collective y sont particulièrement favorables. Les mesures spécifiques en faveur des migrants — en ce qui concerne l'emploi, le logement et l'éducation —, comme toutes les politiques compensatoires, ne peuvent jamais être aussi efficaces que les effets indirects des caractéristiques générales de la vie collective. C'est par la participation active à la vie de la société nationale que les immigrés, comme les autres, peuvent connaître la véritable intégration.

Le contrôle des flux peut être plus ou moins sévère dans son principe, la réglementation plus ou moins strictement appliquée, mais ce contrôle est inévitable. Étant donné le pacte politique et la solidarité qui unit les membres d'une même nation — ce qu'illustre, dans les pays européens, le niveau élevé des transferts sociaux —, l'autorité politique ne peut pas renoncer à maîtriser le nombre et la qualité de ceux qui deviendront, dans les faits, puis, à plus ou moins longue échéance, dans le droit, membres de la nation. Tous les pays le font, et ceux qui sont nés de l'immigration — les États-Unis, le Canada ou l'Australie —, de manière souvent plus rigoureuse que les autres.

La politique à l'égard des immigrés déjà installés, elle, peut se conformer à deux logiques : soit empêcher que les travailleurs entrés pour des raisons économiques précises ne deviennent à plus ou moins long terme membres de la nation, en appliquant des règles rigoureuses pour que leur séjour soit provisoire ; soit pratiquer une politique, qu'on peut appeler indifféremment d'insertion, d'intégration ou d'assimilation, mais dont le sens, quels que soient le terme utilisé et la variété extrême du détail des législations, est de transformer les migrants, sur une, deux ou trois générations, en membres de la société où ils ont immigré.

On essaiera de préciser dans l'abstrait ces deux politiques, avant de voir concrètement, dans les chapitres suivants, comment elles sont appliquées dans les pays européens et en particulier en France.

TYPOLOGIE

S'il s'agit d'empêcher les migrants de participer à la société d'installation, on peut parler de politique de *contrats de travail* ; s'il s'agit de transformer les migrants en nationaux sur une, deux ou trois générations, de *politique d'intégration*.

On peut élaborer le type idéal des deux politiques à partir de quatre indicateurs : droit au séjour par lequel on contrôle les flux ; droit à l'emploi et au logement ; droit au séjour de la famille et à l'enseignement des enfants ; droits civils, sociaux et politiques.

La politique de contrats de travail

Elle consiste à contrôler sévèrement les flux, en termes quantitatifs et qualitatifs, et à imposer aux migrants un séjour *provisoire*, strictement défini en fonction des besoins de l'économie nationale.

L'exemple le plus clair est celui des saisonniers en France et en Suisse, qui viennent soit pour la saison hôtelière, soit pour les travaux agricoles, en particulier les vendanges. C'était le modèle auquel se référait la RFA lorsque, au début des années 1960, elle a fait appel à la main-d'œuvre venue d'Europe du Sud et de Turquie. On en trouve aussi, dans un contexte différent, des exemples dans la politique menée en Arabie Saoudite et dans les Émirats jusqu'en 1990 à l'égard des travailleurs issus des autres pays arabes et des pays asiatiques.

Le droit au séjour et au travail est accordé en fonction des besoins de l'économie.

Comme aucun pays démocratique ne peut appliquer longtemps une politique de ce type, on illustrera le type idéal à partir des pays du Golfe dans les années 1980. Les travailleurs étrangers étaient recrutés en fonction de leur qualification dans leurs pays d'origine par des agences spécialisées et arrivaient avec un contrat limité dans le temps et précis dans ses exigences[1]. Chaque immigré devait avoir un *kafil* ou garant, autochtone. Celui-ci présentait sa demande à l'Agence de recrutement, qui recherchait l'individu correspondant. Le kafil restait juridiquement responsable de l'entrée du travailleur et de son rapatriement. Il pouvait employer lui-même l'immigré ou transférer la garantie à un autre et être ainsi un simple intermédiaire. Mais, dans tous les cas, le kafil gardait le passeport de l'immigré pour s'assurer que ce dernier lui verse une partie de son salaire. L'immigré, lui, était lié à son kafil. Il n'avait pas le droit de changer d'emploi sans son accord et devait quitter le pays d'installation au terme du contrat ou s'il était résilié.

Le lien affirmé entre présence et emploi a pour conséquence d'ôter le droit au séjour à celui qui ne dispose pas d'un emploi. La politique de contrats de travail implique

1. L'ensemble des informations sur les pays du Golfe vient de Labib, 1987, et de Stanton Russel, 1989.

le principe de la rotation des travailleurs et le départ de l'immigré sans emploi.

Une fois dans le pays, ils sont isolés du reste de la population.

Au Koweït, ils étaient logés dans des camps militaires, répartis par nationalité. L'organisation en était également militaire. Dans un camp de Coréens travaillant pour une société de bâtiment, on a pu constater des horaires de quatorze heures de travail par jour. Les salaires, doubles de ceux du pays d'origine, étaient versés pour 30 pour 100 à l'État coréen et 70 pour 100 à leur famille, eux-mêmes ne recevant que de l'argent de poche. Les responsables de l'organisation du travail, de l'ordre et de l'intendance du camp étaient coréens. C'est eux qui assuraient aussi la responsabilité de transporter collectivement les ouvriers en ville les jours fériés pour leurs « loisirs »[1].

Il leur est pratiquement interdit de faire venir leur famille.

Dans les pays du Golfe des années 1980, ils ne pouvaient le faire que s'ils disposaient d'un salaire minimal compris entre 600 et 1 200 dollars, ce qui était exceptionnel. Leurs enfants, quand ils pouvaient les rejoindre, n'avaient pas le droit de fréquenter les établissements scolaires publics.

L'absence de droits civils et sociaux — et a fortiori *politiques — comparables à ceux des nationaux manifeste clairement qu'il s'agit bien d'un simple contrat de travail.*

1. Ces détails sont empruntés à Labib, 1987, p. 228.

Pour reprendre toujours le même exemple, dans les pays du Golfe, ils ne bénéficiaient évidemment ni des droits syndicaux quand ceux-ci existaient, ni du droit à la formation ou au « recyclage professionnel ». Ils n'avaient le droit ni d'accéder à la propriété immobilière, ni de détenir des actions, ni d'exercer une profession indépendante.

Lorsqu'on adopte la politique de contrats de travail, on s'efforce d'éliminer la dimension politique de la migration en la réduisant à un contrat qui établit entre employeur et employé une relation provisoire et exclusivement économique. Mais on constate rapidement que, même en s'en tenant à la seule logique économique, c'est une politique peu rentable : une main-d'œuvre formée et stabilisée est plus efficace. D'autre part, il existe toujours une dimension politique aux mouvements de populations. Au Koweït, dans les années 1950, les premiers candidats à l'immigration étaient jordaniens et surtout palestiniens : c'est pourquoi la première législation sur l'entrée des immigrés fut relativement libérale.

Pour des raisons symétriques et inverses, beaucoup de « coopérants » des nations occidentales dans les pays du tiers monde sont titulaires d'un simple contrat de travail et adoptent volontairement les mêmes comportements de coupure avec la population locale.

En dehors de ces « coopérants », le seul exemple, aujourd'hui, de cette politique est donné par des pays non démocratiques, car *il s'agit d'une politique incompatible avec les principes et les pratiques de la démocratie libérale*. Et d'ailleurs, même au Koweït avant l'invasion irakienne, on n'arrivait à empêcher ni une forte présence de clandestins ni la stabilisation de la population immigrée.

La politique d'intégration

Elle consiste à maîtriser les flux d'entrée de population, et à favoriser, directement ou indirectement, la participation des immigrés à la vie économique, sociale et — à long terme — politique.

En reprenant les mêmes indicateurs, le type idéal de la politique d'intégration pourrait être formulé ainsi :

Le contrôle inévitable des flux n'exclut pas que certains individus disposent du droit d'entrer et de séjourner sur le territoire national alors qu'ils ne sont pas titulaires d'un contrat de travail personnel.

C'est le cas des époux(ses) et enfants des étrangers déjà installés, des conjoints de nationaux et des exilés politiques. Toutefois, pour éviter d'encourager l'immigration clandestine, ni le droit au regroupement familial ni le droit au statut de réfugié politique ne sont jamais absolus.

Ainsi, en Belgique, la loi du 28 juin 1984 a entendu limiter le regroupement « en cascade » : l'étranger entré au titre de l'immigration familiale ne peut faire venir à son tour son conjoint que sur autorisation spéciale. Le regroupement des enfants doit s'effectuer en deux ans. En Allemagne, le projet de n'autoriser le regroupement des enfants qu'avant l'âge de six ans n'a pas été adopté, mais l'accès au marché du travail ne peut être accordé aux conjoints qu'après deux ans de présence.

En France, le droit au regroupement familial a été reconnu par le décret du 29 avril 1976. Le conjoint et les enfants mineurs d'un étranger ne peuvent se voir refuser l'autorisation d'accès sur le territoire français et l'octroi d'un titre de séjour que pour l'un des motifs suivants : lorsque l'étranger ne justifie pas d'une année de séjour en situation régulière, lorsqu'il ne dispose pas de ressources stables suffisantes pour subvenir aux besoins de sa famille, lorsque les conditions de logement sont inadaptées, lorsqu'un des membres de sa famille constitue une menace pour l'ordre public, lorsqu'il a une maladie ou une infirmité pouvant mettre en danger la santé, l'ordre ou la sécurité publics. Depuis le décret du 4 décembre 1984 et la circulaire du 4 janvier 1985, le regroupement familial est autorisé à la condition que l'immigré dispose de « ressources stables, suffisantes pour subvenir aux besoins de sa famille », et que la demande en soit faite dans des conditions permettant de donner une sanction effective à un éventuel refus, c'est-à-dire avant l'arrivée en France. Reste qu'entre 1974 et 1984, depuis la suspension des flux migratoires, quatre cent soixante-treize mille cinquante et une personnes sont entrées en France au titre du regroupement familial[1].

De même, dans tous les pays européens, on applique, pour accorder le droit d'asile, la définition du « réfugié » selon la convention de Genève du 28 juillet 1951 : il s'agit d'une personne « craignant avec raison d'être persécutée du fait de sa race, de sa religion, de son appartenance à un certain groupe social ou de ses opinions politiques, qui se trouve hors du pays dont elle a la nationalité et ne peut ou, du fait de cette crainte, ne veut se réclamer de la protection de ce pays ; ou qui, si elle n'a pas de nationalité et se trouve hors du pays dans lequel elle avait sa résidence habituelle à la suite de tels événements, ne peut, ou en raison de ladite crainte, ne veut y retourner[2] ». L'Office français de protection des réfugiés et apatrides (OFPRA) rejette actuellement près de 90 pour 100 des demandes d'asile.

1. Costa-Lascoux, 1990, p. 24.
2. Cité par George, 1986, p. 26.

Leur logement n'est pas séparé de celui des nationaux appartenant aux mêmes catégories sociales.

Lorsque, au moment de l'indépendance de l'Indonésie, au début des années 1950, le gouvernement néerlandais dut amener aux Pays-Bas les Moluquois qui avaient appartenu à l'armée royale des Indes néerlandaises (on les a appelés les « harkis » néerlandais), on les installa dans d'anciens camps militaires hérités de la guerre, puis, dans les années 1960, dans des logements spéciaux, séparés de ceux de la population néerlandaise. On a constaté que leur intégration en avait été freinée. La même analyse peut être faite pour les harkis installés à leur arrivée en France dans des camps, sous la responsabilité d'anciens sous-officiers, où ils sont restés pendant plus d'une génération. Ces cas particuliers, dus à l'héritage colonial, montrent *a contrario* combien une certaine dispersion de l'habitat des immigrés est favorable à leur intégration.

Ils n'occupent pas de postes de travail particuliers, même si, pratiquement, beaucoup d'entre eux, étant donné leur qualification, se retrouvent dans les mêmes branches de l'économie. On a remarqué que le principe même de l'universalité des postes de travail, sur lequel sont fondées les organisations, fait que l'entreprise est le lieu « où les rapports sont les moins ethnicisés [1] ».

Étant donné le droit au regroupement familial, leurs enfants ont le droit d'accéder à l'enseignement au même titre que les nationaux.

Si, au cours des premières années de l'immigration mas-

1. Tripier, 1990, p. 14.

sive des années 1960, on avait pu constater que parfois jusqu'à un quart des enfants étrangers n'étaient en fait pas scolarisés [1], tous les pays européens ont posé le principe du droit des enfants de migrants à accéder à l'enseignement public comme les nationaux. En Suisse, dans les années 1970, leur fréquentation du jardin d'enfants était devenue supérieure à celle des enfants suisses. En France, le droit des enfants étrangers à l'enseignement public avait été affirmé en 1936. Depuis 1982, ils bénéficient de l'obligation scolaire jusqu'à seize ans quelle que soit la situation administrative des parents, autrement dit, même quand les parents sont en situation irrégulière. C'est aussi le cas en Grande-Bretagne. Les différences entre les pays européens tiennent à la place inégale qu'ils accordent à une forme d'enseignement spécifique, relativement large en Suède, faible en France. Après une période, au cours des années 1970, où se sont multipliés les projets d'enseignement «interculturel», dont on pensait qu'ils pouvaient favoriser l'équilibre et les performances scolaires des enfants d'origine étrangère, les politiques tendent maintenant à insister sur la maîtrise de la langue et de la culture du pays d'accueil : de plus en plus, les enfants des immigrés sont nés en Europe et ne retourneront pas dans les pays d'origine de leurs parents.

Dans la mesure où ils sont en situation régulière, les immigrés disposent de droits civils — et en particulier de la sécurité du séjour — égaux à ceux des nationaux.

On ne peut en particulier les contraindre à retourner dans leur pays d'origine s'ils n'ont plus d'emploi. Ils disposent des droits sociaux directement liés à leur activité profes-

1. Castles-Kosack, 1973, p. 209.

sionnelle, avec, le plus souvent, quelques aménagements concernant les allocations familiales. Ils bénéficient des politiques compensatoires : logement social, formes d'éducation particulières et politique d'emploi. La Suède et les Pays-Bas leur accordent même un droit proprement politique, celui de voter dans les élections locales.

Enfin — dernière étape de l'acquisition des droits politiques —, le droit de la nationalité est ouvert et les autorise, s'ils en manifestent la volonté, ou, en tout cas, autorise leurs enfants à devenir citoyens du pays d'installation.

Il va de soi que les droits des immigrés n'ont jamais été acquis immédiatement. En Europe occidentale, leur obtention a été le produit des revendications des gouvernements des pays d'origine, des organisations de défense et de l'extension progressive du droit européen et national aux immigrés, au fur et à mesure que leur séjour se prolongeait.

L'exemple français montre les étapes de la reconnaissance de l'égalité du traitement juridique. C'est dans l'ordre des droits attachés à l'activité professionnelle que l'égalité a d'abord été acquise. A l'exception des professions protégées par des diplômes et des réglementations spécifiques (notaires, huissiers, etc.) et de la fonction publique, les étrangers résidents permanents disposent aujourd'hui des mêmes droits que les Français à l'égard de leur employeur, à l'exception des allocations familiales pour les enfants restés dans le pays d'origine. Les droits sociaux protégeant le salarié sont aussi les mêmes. Seules les prestations non contributives assimilées à des formes d'assistance (allocations supplémentaires du Fonds national de solidarité pour les personnes âgées et allocation aux adultes handicapés) sont réservées aux nationaux. La loi de 1975 a permis aux étrangers d'occuper les fonctions de direction ou d'administration dans les syndicats et de délégués du personnel à condition de « savoir s'exprimer en français ». La loi du 9 octobre 1981 a supprimé le décret-loi de 1939 sur les associations étrangères, qui étaient soumises au régime de l'autorisation préalable du ministère de l'Intérieur, et les a fait entrer dans le droit commun de la loi de 1901. Depuis la loi du 17 décembre 1982, les étrangers peuvent être électeurs au conseil d'administration des caisses de Sécurité sociale, aux commissions des habitations à loyers modérés (HLM), aux fonctions de délégués des parents d'élèves et aux comités d'établissement des collèges et lycées [1]. Les dernières « discriminations » sont marginales ; elles concernent certaines allocations pour les familles ne résidant pas en France et quelques mesures particulières (aide médicale à domicile ou aides en nature aux personnes âgées) [2].

Les grands pays d'immigration sont aussi ceux dans lesquels acquérir la nationalité est le plus facile. Si l'on prend le cas des États-Unis — la législation canadienne en est très proche —, l'attribution de la nationalité américaine est fondée sur le principe du *jus soli*. Tout enfant né sur le sol américain est citoyen de naissance selon le 14e amendement de la Constitution (1868), même s'il est né de parents étrangers en situation irrégulière. Les enfants des immigrants, quel que soit le statut de leurs parents, sont ainsi automatiquement intégrés dans la nationalité américaine. Le *jus sanguinis* n'a été que tardivement introduit pour donner la nationalité américaine aux enfants nés à l'étranger de parents américains (loi du 27 juin 1952). Pour les migrants en situation régulière, l'acquisition de la nationalité

1. Costa-Lascoux, 1990, pp. 54 *sqq*.
2. Haut Conseil à l'intégration, 1991.

comporte des exigences : ils doivent résider aux États-Unis depuis cinq ans, dont la moitié de présence effective, y compris les six mois précédant leur demande; prouver qu'ils ont une connaissance minimale de l'anglais, de l'histoire et du mode de gouvernement, qu'ils sont de bonne moralité, qu'ils ont l'intention de résider aux États-Unis de façon permanente, et prêter un serment solennel devant le juge. Mais la naturalisation est un droit pour ceux qui remplissent ces conditions. Les dispositions sont encore plus libérales au Canada, où l'on juge normal de transformer rapidement l'immigré en citoyen.

Le droit de la nationalité, en France, est également « ouvert ». Une série de dispositions permettent aux enfants d'immigrés d'acquérir la nationalité de manière automatique ou semi-automatique. Selon l'article 23 du Code de la nationalité française, l'enfant né en France de parents même étrangers, dont l'un au moins est également né en France, est français. Les enfants nés en France de parents étrangers nés hors de France deviennent français à dix-huit ans s'ils n'ont pas décliné ce droit au cours de l'année précédant leur majorité et s'ils ont séjourné en France au cours des cinq ans précédant leur majorité, en vertu de l'article 44 ; le mineur peut d'ailleurs anticiper cette acquisition en la réclamant par déclaration selon l'article 52. Le conjoint étranger d'un(e) Français(e) a le droit d'acquérir la nationalité par simple déclaration après un délai de six mois de mariage en fonction de l'article 37-1, si le conjoint a gardé la nationalité française et si la vie commune n'a pas cessé. Par ailleurs, bien que la naturalisation ne soit jamais un droit, qu'elle reste à la discrétion du gouvernement, elle est, dans la pratique, accordée de manière très libérale : 90 pour 100 des demandes recevables sont satisfaites et la moitié de celles qui sont écartées sont simplement ajournées. Au total, l'ensemble des dispositions juridiques permet que plus de cent vingt mille personnes acquièrent chaque année la nationalité française.

La politique de la nationalité a consisté en Grande-Bretagne à limiter le nombre de ceux qui pouvaient prétendre au plein exercice des droits de la citoyenneté — en particulier à l'accès sur le territoire national — et à appliquer largement le principe du droit du sol à ceux qui étaient déjà installés dans les îles Britanniques [1]. Jusqu'en 1962, les membres du Commonwealth avaient tous la nationalité britannique et le droit à la libre entrée dans le Royaume-Uni. De 1962 à 1981, plusieurs actes ont réduit le droit d'accès au territoire britannique et, pratiquement, interdit l'entrée des populations issues du Commonwealth non blanc. Par l'acte final de 1981, appliqué depuis 1983, le *jus soli* est désormais appliqué de manière conditionnelle : la naissance en Grande-Bretagne ne confère la nationalité britannique que si l'un au moins des parents est régulièrement installé de manière durable au Royaume-Uni. Mais le droit du sol peut être appliqué par la suite, si l'un au moins des parents s'installe avant que l'enfant atteigne sa majorité et si l'enfant reste présent dans le Royaume-Uni jusqu'à l'âge de dix ans. Ce *jus soli*, qui reste très large, donne la nationalité britannique pratiquement à tous les enfants nés en Grande-Bretagne de parents immigrés. Comme en France, la naturalisation est accordée à environ 90 pour 100 des candidats.

En Suède, la naturalisation est accordée après cinq années de présence légale (deux ans pour les Finnois et les Norvégiens), sans conditions autres que de ne pas avoir subi de condamnations graves : pas d'exigence de langue ou de connaissance de l'histoire et du mode de gouvernement, pas de vérification d'assimilation ou de loyauté à

1. Dummett et Nicol, 1990.

l'égard de la nation. Les personnes nées en Suède ou mariées à un(e) Suédois(e) l'obtiennent par simple déclaration. Dans la pratique, la naturalisation y est un droit comme aux États-Unis et au Canada. D'après l'OCDE, c'est le pays européen où le pourcentage de naturalisations par rapport à la population étrangère est le plus élevé : 4,3 pour 100[1]; 60 pour 100 des migrants et de leurs enfants sont aujourd'hui de nationalité suédoise.

On oppose parfois la politique libérale des États-Unis, du Canada et de la Suède à une politique plus restrictive de la France[2]. Mais cette comparaison des statistiques de la naturalisation ne tient pas compte du fait qu'en France un sixième seulement des acquisitions de la nationalité passe par la naturalisation (les autres l'obtenant par les mécanismes semi-automatiques et les déclarations), alors que, dans les autres pays, on acquiert la nationalité seulement par la naturalisation. A l'exception de l'Allemagne, dont la politique de la nationalité est très différente, tous les grands pays d'immigration ont une politique plus proche que ne le suggère la seule comparaison des législations. Si la Belgique et les Pays-Bas ont aussi récemment modifié leur législation en rendant la naturalisation plus aisée, c'est qu'il s'agit toujours de transformer, sur une ou deux générations, les étrangers durablement installés en citoyens. Les modalités et les rythmes de cette transformation diffèrent, mais, à long terme, une démocratie ne peut pas ne pas se donner pour ambition d'accorder les droits de la citoyenneté aux populations qui participent à la vie collective par leur présence et leur activité.

1. Haut Conseil à l'intégration, 1991, p. 68.
2. Brubaker, 1989, p. 119.

L'histoire de la nation

A partir de ce type idéal, la mise en œuvre d'une politique d'intégration est différente selon l'histoire nationale. La distance est en apparence grande entre la politique de l'Allemagne et de la Suisse, d'une part, qui, jusque dans les années 1980, ont prétendu s'en tenir à la politique des *Gastarbeiter*, et — à l'autre extrême — celle de la Grande-Bretagne, qui n'a pas mené une politique de recrutement de main-d'œuvre imposée par les exigences de l'économie, mais une politique d'assimilation des populations issues du Commonwealth installées dans les îles Britanniques et historiquement liées à l'épopée impériale ; ou celle des États-Unis, pays né de l'immigration, qui entend favoriser l'intégration des populations pour construire dans la liberté la nation démocratique américaine.

La politique française, elle, est apparemment indécise et ambiguë. Déjà, dans les années 1930, on s'efforçait de tenir compte en même temps de l'impératif démographique et des besoins économiques. En 1945, malgré la volonté d'adopter pour les années à venir une politique cohérente et organisée, qui ne change plus selon les aléas de l'opinion et les variations des besoins de l'économie, comme cela avait été le cas dans les années 1930, on a vu ci-dessus que la politique française n'a pas fait de choix clair. L'ordonnance du 2 novembre 1945 n'avait finalement traité que de l'introduction et du séjour des étrangers. A partir de 1956, la logique économique a semblé prévaloir. En 1969 pourtant, un rapport officiel faisait encore la différence entre les « bons » émigrés susceptibles d'être assimilés et ceux qui devaient repartir après la fin de leur contrat de travail. Les responsables français ont mené successivement ou concurremment politique de main-d'œuvre et politique d'intégration des populations immigrées.

Certaines mesures sont allées dans la première direction. La Sonacotra a construit des logements réservés aux travailleurs immigrés isolés. Cette disposition permettait de les protéger contre l'exploitation des « marchands de sommeil » ou les misères des bidonvilles. Elle avait toutefois l'inconvénient de fixer le statut d'étrangers pour ses bénéficiaires, de les isoler du reste de la population et de contribuer à retarder leur intégration. Le FAS, d'autre part, a été chargé d'une mission destinée aux seuls immigrés. La législation d'aide au retour entre 1977 et 1981, établie par Lionel Stoleru sous le gouvernement de Raymond Barre, puis d'aide à la réinsertion mise en place au cours du premier semestre 1984 par le gouvernement socialiste semblait indiquer qu'on se ralliait à une politique de présence provisoire de la main-d'œuvre immigrée. C'est ce qu'impliquait aussi l'introduction de l'enseignement des langues et cultures d'origine dans les écoles primaires en 1973, renforcés par la circulaire du 13 avril 1983, qui prévoit la présence d'enseignants étrangers chargés de donner aux enfants de migrants, à l'intérieur ou en dehors des horaires scolaires, une connaissance de la langue et de la culture d'« origine ». Elle semble fondée sur l'intention de maintenir les liens des enfants avec le pays d'origine de leurs parents et d'autoriser leur « retour ».

Mais en même temps, nombre de dispositions allaient dans le sens de l'intégration des populations immigrées ou d'origine immigrée : les responsables des HLM menaient en fait, sans le dire, une politique de dispersion des étrangers dans l'espace urbain ; l'État français a été un des premiers à assurer l'alphabétisation des étrangers ; leurs enfants ont été scolarisés dans le système français, où l'enseignement des langues et cultures d'origine et les classes d'accueil pour les enfants étrangers non francophones sont restés marginaux ; les spécificités culturelles ne sont pas reconnues dans l'espace public ; le droit de la nationalité est libéral ou « ouvert ». Malgré cette ambiguïté, si l'on en fait le bilan final, on peut rétrospectivement parler de *politique d'intégration*, même si elle fut partiellement involontaire.

C'est qu'en réalité — comme on va s'efforcer de le montrer — *tous les pays démocratiques mènent une politique d'intégration*. Certes, les différences dans l'histoire et l'idéologie de la nation lui donnent des *modalités* et des *rythmes* différents. La France ne reconnaît pas les spécificités nationales ou religieuses dans l'espace public, alors que la Grande-Bretagne, les Pays-Bas et surtout la Suède les admettent. Mais le principe politique de la nation, les exigences de la vie économique et sociale moderne, les principes et pratiques démocratiques rendent finalement *inévitable* la politique d'intégration [1].

1. Pour une autre typologie, *cf.* T. Hammar et Y. G. Lithman, *in* OCDE, 1987(a), pp. 265 *sqq*.

CHAPITRE II

L'INÉVITABLE POLITIQUE D'INTÉGRATION

On peut en faire la démonstration à partir des exemples de la République fédérale d'Allemagne et de la Suisse. Les deux pays ont affirmé leur volonté de mener une *politique de contrats de travail* et se sont efforcés de l'appliquer. Leur échec montre qu'elle est contradictoire avec les pratiques collectives des sociétés modernes, avec les valeurs et les exigences de la démocratie.

LA POLITIQUE DES « GASTARBEITER »

La politique d'immigration est étroitement dépendante, on l'a dit, du mode d'existence collective et de l'histoire de chaque nation européenne. Les relations entre les nationaux, les immigrés et les étrangers diffèrent d'un pays à l'autre.

La nation communautaire

Je ne reviendrai pas ici sur l'opposition idéale-typique entre les deux idées de la nation, que j'ai développée par ailleurs [1].

1. Schnapper, 1991, pp. 33 *sqq.*

Il suffira de rappeler que, selon la première conception, souvent qualifiée d'« allemande », la nation est d'abord fondée sur une communauté ethnique ou même organique. Être allemand, c'est appartenir au *Volk*, uni comme une famille, partageant une même histoire, une même culture, une sensibilité commune. Cette notion de peuple implique la filiation : on peut continuer à faire partie intégrante du *Volk* même quand on est installé loin de la terre « natale » depuis une ou plusieurs générations. C'est le cas des *Aussiedler*, c'est-à-dire des descendants des Allemands installés, parfois depuis des siècles, sur des territoires soumis à des autorités politiques non allemandes, que le droit de la nationalité autorise à être « intégrés » dans la citoyenneté. C'était, évidemment, avant la réunification, le cas des *Übersiedler*, c'est-à-dire des Allemands de la RDA. Le droit de la nationalité de la RFA favorise le *jus sanguinis*. Pour faire partie du peuple, lorsqu'on n'est pas né allemand — en termes juridiques, pour acquérir la nationalité —, il faut démontrer qu'on a réussi à incorporer profondément, dans son être même, la culture commune, définie comme l'« âme » de la nation.

L'Allemagne reste aujourd'hui encore, par certains aspects, un « État-nation ethnique », qui élimine les éléments universalistes de l'idée nationale pour n'en garder que la dimension particulariste[1]. La politique « ethnique » a sa source dans l'histoire du Reich — tardivement constitué sous sa forme politique, alors que la culture et le *Volk* allemand existaient depuis des siècles — et la politique passée à l'égard des étrangers. L'homogénéité culturelle du peuple allemand compense la faiblesse de l'unité politique.

La République fédérale d'Allemagne a été créée autour

1. Hoffmann, 1990, p. 50.

des valeurs démocratiques, de l'État de droit et de l'adhésion aux droits de l'homme. Mais elle affirmait aussi dans sa Constitution l'unité du peuple allemand malgré sa division entre la RFA et la RDA. Du coup, elle a été conduite à ne pas éliminer des dispositions juridiques qui entretiennent la conception du *Volk*. En particulier, le droit de la nationalité reste très étroitement fondé sur le principe du *jus sanguinis*. Pour l'essentiel, il se conforme encore à l'inspiration de la loi Delbrück, votée en 1912-1913 par les conservateurs, tenants de la conception ethnique de la nation, malgré l'opposition des sociaux-démocrates, plus proches d'une conception volontariste.

On n'acquiert la nationalité allemande que par la naturalisation. Les mécanismes de choix automatiques ou semi-automatiques, comme celui que met en place l'article 44 du Code de la nationalité française, y sont inconnus. Le mariage avec un national ne donne que le privilège d'une naturalisation un peu moins difficile. Il n'existe pas de droit à la naturalisation, qui reste la prérogative des autorités. Les frais sont élevés, ce qui permet d'écarter la majorité des *Gastarbeiter*. De plus, les conditions posées sont particulièrement exigeantes et, en même temps, susceptibles d'interprétations par les autorités chargées de les appliquer. Le postulant doit faire la preuve d'une résidence légale et continue, prouver qu'il est en possession d'un logement convenable, qu'il peut assurer sa subsistance et celle de sa famille au moment de sa demande et dans l'avenir prévisible, qu'il jouit de tous ses droits civiques, qu'il est de bonne moralité. Les directives ministérielles indiquent que la décision doit prendre en compte les comportements irréguliers à l'égard des règlements de la circulation, de la résidence et du commerce. Elles précisent aussi que le postulant doit avoir une attitude positive envers la culture allemande et manifester son allégeance aux principes de la démocratie, qu'il doit maîtriser l'allemand écrit et parlé selon son niveau social, connaître la Constitution de la RFA, être intégré dans le mode de vie allemand, cette dernière condition imposant une présence d'au moins dix ans. Les représentants de la communauté locale et de la Sécurité sociale sont consultés avant la décision. La naturalisation n'est accordée qu'en fonction de l'« intérêt économique, politique ou culturel du pays ».

De la contradiction entre les valeurs démocratiques et la conception ethnique du *Volk*, l'Allemagne désormais réunifiée va sans doute sortir progressivement. En 1987, un politologue connu, Dieter Oberndörfer, a soutenu qu'une identité nationale qui prenait sa source dans l'histoire, la langue et la culture et donnait des droits à la nationalité à partir de critères biologiques était, en tant que telle, contraire à l'idée même de république. Tout de suite après la réunification, des mesures plus libérales à l'égard des étrangers installés en Allemagne ont été adoptées. La nouvelle loi, votée entre février et mai 1990, appliquée depuis le 1er janvier 1991, accorde une naturalisation plus facile aux jeunes étrangers nés en Allemagne, qui y ont séjourné huit ans au moins et ont fréquenté quatre ans l'école. Ils ont désormais *droit* à une naturalisation, pratiquement gratuite, à condition de renoncer à leur nationalité d'origine. Les étrangers régulièrement installés depuis plus de quinze ans en RFA disposent du même droit jusqu'en 1995.

En Suisse, la citoyenneté est également liée à l'histoire spécifique de la nation. Au niveau de la commune et du canton s'appliquent des règles et des usages qui rappellent la conception allemande. La loi fédérale impose au candidat à la naturalisation des exigences rigoureuses : résidence de douze ans et obtention du droit de cité et de la citoyenneté d'une commune et d'un canton. Les autorités communales et cantonales vérifient l'intégration du candidat dans la communauté suisse, son accoutumance au mode de vie et aux usages locaux (participation à la vie associative, connaissance des usages, voire du dialecte et de la cuisine) et sa conformité à l'ordre juridique ; elles imposent, d'autre part, de lourdes taxes de naturalisation. Les membres des commissions spécialisées des législatifs communaux et cantonaux réclament qu'au-delà de l'adhésion et de la conformité des candidats à des conditions formelles, ils démontrent qu'ils ont profondément intériorisé les mœurs et les usages du canton de résidence qu'on ne saurait acquérir par le seul apprentissage explicite. Ces exigences manifestent le caractère ethnique ou communautaire de la nationalité cantonale, qui est la condition d'obtention de la nationalité fédérale. Même si cette dernière, en fonction de l'histoire spécifique de la Suisse, se réfère à une conception politique de la nation, la citoyenneté communale/cantonale et ses exigences de type « communautaire » apparaissent dominantes [1]. Il est clair que ce droit empêche les travailleurs immigrés d'acquérir la nationalité allemande et suisse.

Les immigrés entrés pour exercer des emplois particuliers ne sauraient être rapidement admis dans une collectivité de type ethnique ou communautaire : la volonté proclamée de mener une politique de contrats de travail apparaît comme une conséquence logique de cette conception. Il n'est pas nécessaire d'établir des relations avec des « hôtes provisoires », ni de favoriser leur participation à la vie collective, au-delà de la simple activité économique.

1. Centlivres-Schnapper, 1991.

Fédéralisme et État protecteur

Outre une même conception de la nation, la Suisse et l'Allemagne ont aussi en commun d'être des États fédéraux.

En Suisse, meilleur exemple d'une nation stable constituée à partir de populations dont l'histoire, la religion, la langue et la culture sont différentes, le respect de la spécificité des cantons est inscrit dans le pacte politique qui les unit et que garantit la Constitution. Le fédéralisme, en tant que tel, ne conduit pas nécessairement à une attitude libérale à l'égard des immigrés, chaque groupe culturel veillant à ce que l'équilibre ne soit pas modifié par l'introduction de nouvelles populations. Mais, en Suisse, le pacte national semble assez solide pour que la présence d'immigrés originaires des pays voisins ne soit pas considérée, de ce point de vue au moins, comme dangereuse. On y parle pourtant régulièrement d'*Überfremdung* ou de « surpopulation étrangère ». Des initiatives populaires en vue de limiter la présence des étrangers y ont été proposées à plusieurs reprises. Le projet de référendum le plus célèbre proposait en 1970 de réduire le nombre des étrangers à 10 pour 100 de la population suisse dans chaque canton, à l'exception de Genève. Il ne fut écarté que par une faible majorité (54 contre 46 pour 100). Les référendums, même s'ils ont finalement été repoussés, ont de fait conduit le gouvernement fédéral à fixer un quota d'étrangers pour l'ensemble de la Suisse.

Le fédéralisme allemand, établi par la Constitution de 1949, au moment où il s'agissait de limiter le pouvoir de l'État central, est aussi une réalité. Les Länder disposent de larges pouvoirs en matière d'éducation, de politique sociale et d'ordre public. La nation allemande n'a été que brièvement unitaire, entre 1870 et 1945. Même alors, une partie du peuple allemand n'était pas intégrée dans la nation politique. L'Allemagne reconnaît aujourd'hui des minorités ethniques installées sur son territoire, disposant du droit de maintenir leur identité, comme les Frisons ou les Danois, qui entretiennent leurs propres écoles. La non-coïncidence entre le *Volk*, l'entité politique et le territoire national contribue à maintenir la spécificité des populations immigrées installées en Allemagne : comme en Suisse, elles peuvent être réinterprétées dans la vie nationale comme l'un des groupes minoritaires.

Le respect des minorités constitue une rupture avec le passé allemand, liée à l'instauration de la nation démocratique depuis la fin de la Seconde Guerre mondiale. Jusqu'en 1870, de nombreux Allemands s'expatriaient. L'empire, d'autre part, lorsqu'il s'est constitué en 1870, comprenait des Polonais venus travailler dans l'agriculture en Prusse, puis dans l'agriculture et les mines et usines de Westphalie et de Rhénanie. Leur nombre atteignit trois cent mille en 1910. On leur imposa une germanisation forcée par un décret de 1899. Pendant la guerre de 1914-1918, d'autres ouvriers, originaires des pays Baltes, de la Belgique et d'Ukraine, vinrent remplacer les Allemands, appelés dans les armées du Reich. Leur nombre décrut après la guerre, mais dès 1936, le réarmement imposa de faire à nouveau appel à la main-d'œuvre étrangère. Le décret de 1936 les soumettait très étroitement à l'autorité policière, le gouvernement se réservant le droit de les expulser au nom des intérêts nationaux. En 1945, huit millions d'hommes (deux millions de prisonniers de guerre et six millions de civils) avaient été déportés pour travailler au profit de l'Allemagne hitlérienne. Jusqu'après la Seconde Guerre mondiale, les autorités contrôlèrent strictement la présence des étrangers, en les expulsant sans contrôle lorsqu'ils n'étaient plus nécessaires, et imposèrent une germanisation forcée. De nombreux sociologues affirment aujourd'hui que ce passé continue à entretenir une attitude d'hostilité et de suspicion à l'égard des étrangers, qui seraient « accueillis » et traités exclusivement en fonction de leur utilité pour l'économie nationale. Mais il faut aussi souligner la rupture introduite par la RFA, État de droit [1]. La politique allemande ne se définit pas seulement par l'exclusion et la répression.

L'Allemagne et la Suisse n'ont cessé d'affirmer qu'elles n'étaient pas des pays d'immigration et que les travailleurs recrutés par contrat en fonction des besoins de l'économie n'étaient effectivement que des « hôtes » provisoires, qui, selon la formule de Simmel, « arrivent aujourd'hui pour repartir demain ». La terminologie officielle suisse n'a jamais parlé d'« immigrants » mais de *Ausländer* (« étrangers »), de *ausländische Arbeitskräfte* (main-d'œuvre étrangère »), de *Fremdarbeiter* (« travailleurs étrangers »), ou de *Fremde* (« étrangers ») dans l'expression *Fremdenpolizei*. Outre les *Aussiedler* et les *Übersiedler*, les Allemands distinguent les *Gastarbeiter* puis, depuis le changement de politique, les *ausländische Arbeitnehmer*, les *ausländische Mitbürger*, c'est-à-dire les « concitoyens étrangers », ou même les *Passfremde*, qui ne sont plus étrangers que par le passeport. La notion d'immigrant ou de minorité ethnique n'est pas introduite, celle d'« étrangers » n'est pas évacuée [2].

Les deux pays bénéficient d'un niveau de vie élevé, mais l'Allemagne a une politique d'intervention sociale plus développée que la Suisse, la part des dépenses sociales par rapport au PIB dépassant 25 pour 100 en Allemagne et

1. O'Brien, 1989.
2. Wilpert, 1991.

à peine 20 pour 100 en Suisse. Jusqu'en 1977, l'assurance chômage était facultative en Suisse. Elle est désormais obligatoire, mais limitée à cent quatre-vingts jours. Une partie de la protection sociale reste liée à l'assurance privée et volontaire. En revanche, le chômage est à peu près inconnu, alors qu'il atteint près de 8 pour 100 en Allemagne. On verra que la situation des étrangers en Suisse est plus favorable qu'en Allemagne.

Les pratiques à l'égard des immigrés

Au cours des années 1960, l'un et l'autre pays se sont efforcés d'appliquer la *politique de contrats de travail*. La Suisse affirmait, dans un rapport de 1964, que « seuls les intérêts du pays sont pris en compte pour l'admission des étrangers ». Ces « intérêts » étaient d'ordre économique. On privilégiait le système des ouvriers provisoires et même saisonniers, venus selon un contrat précis, qui retournaient ensuite dans leur pays. Cette politique semblait d'ailleurs correspondre aux intentions des travailleurs qui souhaitaient aussi un séjour provisoire. De plus, elle rencontrait la volonté des gouvernants des pays d'origine, favorables à une émigration temporaire. La Yougoslavie, par exemple, a toujours considéré que ses ressortissants n'étaient pas des émigrés définitifs. La Suisse n'organisait pas de recrutement au niveau gouvernemental, mais elle laissait venir l'immigration spontanée des pays voisins, à laquelle s'ajoutait le recrutement direct organisé par les patrons. Elle imposait — elle continue à imposer — des contrats de travail précis et limités dans le temps selon une législation très rigoureuse de quotas fixés chaque année, qui donnait le droit d'expulser les étrangers sans emploi. Le droit au regroupement familial n'était accordé qu'au bout de trois ans de résidence.

Les Allemands, de leur côté, s'efforçaient d'organiser la rotation des ouvriers qui leur étaient nécessaires. Étant donné l'arrivée des personnes déplacées et les populations expulsées ou réfugiées de l'Est à la fin de la guerre, les besoins en main-d'œuvre se sont fait sentir seulement au début des années 1960. Les droits au séjour et au travail ont alors été définis, en fonction des besoins de l'économie, par plusieurs traités avec les pays d'exportation de main-d'œuvre, qui fixaient le nombre et la qualification des ouvriers dont l'économie avait besoin : avec l'Italie en 1955, l'Espagne et la Grèce en 1960, la Turquie en 1961, le Portugal en 1964, la Tunisie en 1965, le Maroc en 1966, la Yougoslavie en 1968. Des bureaux de recrutement furent installés dans les pays d'émigration pour choisir les ouvriers nécessaires. Le droit au séjour permanent était restrictif, le droit de résidence n'étant accordé qu'aux titulaires d'un permis dont l'obtention et le prolongement dépendaient de la volonté des autorités. La loi sur les étrangers de 1965, qui remplaçait l'ancien statut élaboré par les nazis, laissait aux fonctionnaires le droit de déterminer si la présence de l'étranger « ne lésait pas les intérêts de la RFA » et, dans ce cas, leur donnait le droit de les expulser. C'est en fonction de ce texte, par exemple, qu'on a pu refuser des permis de résidence à des étrangers qui bénéficiaient d'indemnités de chômage [1]. La loi de 1965, complétée par l'acte de 1969 et le décret sur le permis de travail de 1971, autorisait aussi le gouvernement à expulser les responsables de troubles politiques, qui « mettaient en danger l'ordre démocratique libre de la RFA » — définition qui laissait la porte ouverte aux interprétations. Les instructions trans-

1. Dohse, 1981, pp. 331-334.

mises aux fonctionnaires précisaient que, si les étrangers bénéficiaient des droits civils, ils n'avaient pas « le droit à la liberté de réunion, d'association, de mouvement, le droit de choisir une profession, un lieu de travail et d'éducation, le droit d'être protégé contre l'expulsion[1] ». Une enquête des années 1970 avait montré que 70 pour 100 des immigrés pensaient rester en Allemagne moins de cinq ans.

Alors qu'en Grande-Bretagne, par exemple, on ignorait les logements particuliers pour les immigrés, les premiers immigrés des années 1960 en RFA ont été logés par l'employeur, souvent dans de simples baraquements à proximité des chantiers ou même dans des camps militaires, dans des conditions d'entassement et d'inconfort qui manifestaient ostensiblement le caractère provisoire du séjour[2]. Lorsqu'ils en sortaient, aucune disposition n'était prise pour les aider à acquérir un logement privé ou social, ni pour éviter les phénomènes de concentration dans les quartiers pauvres des grandes villes. Même en Suisse, la manière dont les patrons logeaient leurs ouvriers étrangers fit rapidement scandale. Une entreprise de bâtiment de Berne, par exemple, logeait quarante personnes dans un appartement de trois pièces[3]. Pendant la même période, le principe de l'égalité juridique n'a pas empêché que des postes de travail soient en fait réservés aux immigrés, souvent organisés en fonction de leur origine nationale, sous la responsabilité de compatriotes jouant le rôle de « caporaux ».

Aucune disposition n'était adoptée en Allemagne pour tenir compte des besoins spécifiques des immigrés, par exemple le droit de prendre des vacances plus longues

1. Cité par O'Brien, 1989, p. 116.
2. Castles-Kosack, 1973, p. 249.
3. Castles-Kosack, 1973, pp. 150 *sqq*.

(éventuellement non payées) pour retourner dans le pays d'origine. On s'est aussi efforcé de freiner le regroupement des familles. Si le respect des principes des droits de l'homme empêchait de l'interdire, le droit de faire venir sa famille n'était accordé, en Suisse et en Allemagne, qu'après trois ans de présence. Dans certains États allemands (Länder), on a organisé un enseignement spécial. Les responsables bavarois, par exemple, en faisant appel à des maîtres du pays d'origine, en assurant l'enseignement de la langue d'origine plutôt que de l'allemand, entendaient d'abord donner aux enfants des immigrés les moyens de retourner dans le pays de leurs parents.

Les organisations religieuses, politiques ou culturelles étaient organisées en liaison étroite avec le pays d'origine, pour maintenir des liens qui devaient rendre possible le retour des immigrés et favoriser leur réinsertion. Les associations des immigrés de RFA constituaient de simples prolongements d'organisations turques. On a vu que le droit de la nationalité, conforme à une définition d'abord ethnique de l'appartenance nationale, interdisait aux travailleurs étrangers d'acquérir la nationalité.

A la suite de la crise, les responsables se sont efforcés d'organiser le retour massif des travailleurs qui n'étaient plus nécessaires à l'activité économique : décision conforme à la logique de la politique de contrats de travail, mais qui fut un échec.

L'ÉCHEC

En témoignent l'impossibilité d'appliquer totalement le principe de la rotation de la main-d'œuvre, qui fut officiellement abandonné en Suisse et en Allemagne au début des années 1970, et, malgré certaines dispositions du gouvernement Kohl en 1982, l'adoption de fait d'une *politique d'intégration*.

La récession de 1967-1968 avait démontré le pouvoir des autorités administratives allemandes sur le séjour des étrangers, par l'intermédiaire des permis de résidence : environ trois cent mille *Gastarbeiter* quittèrent le pays[1]. Les étrangers furent également nombreux à quitter la Suisse, sans qu'on puisse préciser l'effet propre des mesures gouvernementales.

Le 22 novembre 1973, le gouvernement fédéral chargea l'Office fédéral du travail de suspendre tout recrutement en Tunisie, Yougoslavie, Espagne, Portugal, Grèce, Turquie, Maroc et de fermer ses bureaux dans ces pays. On cessa d'accorder de nouveaux permis de travail et on s'efforça de donner priorité pour l'emploi aux Allemands et aux citoyens de la CEE. Mais cette politique a révélé ses limites. Les immigrés occupent des emplois que les nationaux refusent de prendre. Le regroupement familial est un droit. L'entrée de la Grèce, de l'Espagne et du Portugal dans la Communauté européenne ainsi que l'accord d'association avec la Turquie ont rendu difficile la réduction de la population immigrée.

Par ailleurs, les mesures prises pour favoriser le retour des immigrés ont échoué. La RFA a institué un « fonds spécial » germano-turc pour aider des sociétés ouvrières créées à partir des cotisations de travailleurs turcs retournés dans leur pays. Mais la contribution de 52 millions de DM à la fin de 1983 n'a permis que la création de trois cents sociétés à actionnaires multiples, parmi lesquelles un peu plus de deux cents semblent avoir eu une activité durable[2]. A

1. O'Brien, 1989, p. 116.
2. J. Costa-Lascoux, *in* Abou-Saada, 1985, p. 222.

la mi-mai 1989, le gouvernement allemand a accordé un prêt de 2,5 milliards de DM à la Yougoslavie pour l'emploi de migrants revenant de RFA ; il est encore trop tôt pour évaluer l'effet de cette mesure [1]. Dans les années 1980, des enquêtes ont montré que désormais plus de 80 pour 100 de la population turque souhaitait rester en Allemagne ou, en tout cas, n'avait pas fixé la date d'un éventuel retour [2], et que « la migration de retour est plus souvent un constat individuel d'échec que de réussite [3] ». Malgré la politique des *Gastarbeiter*, en 1982, 47,5 pour 100 de la population étrangère était présente dans le pays depuis plus de dix ans. Aujourd'hui, 70 pour 100 des 4,4 millions d'étrangers sont soit nés en Allemagne, soit résidents depuis plus de dix ans. La structure démographique s'est normalisée, la proportion des personnes âgées de moins de vingt ans et de plus de quarante est désormais proche de celle de la population allemande. Le rapport entre les sexes est passé de 84,5 hommes pour 15,5 femmes en 1960 à 56 pour 44 en 1980 [4]. Depuis l'arrêt officiel de l'immigration en 1973, la croissance de la population étrangère a été deux fois et demie plus importante en Allemagne qu'en France, l'effectif maximal d'étrangers ayant été atteint en 1982. Il ne s'agit plus de *Gastarbeiter*, mais d'*ausländische Arbeiter*.

Le recrutement de travailleurs étrangers ne peut être réglé selon la stricte rationalité économique. A l'exception des contrats de saisonniers, il est impossible d'adapter rigoureusement l'offre d'emplois aux étrangers aux besoins de l'économie nationale, alors que le progrès technique et la

1. SOPEMI, OCDE, 1989, p. 68.
2. Hettlage, 1986, p. 181.
3. H. Milet, *in* Abou Saada, 1990, p. 201.
4. F. Heckmann, *in* Rogers, 1985, p. 70.

concurrence mondiale conduisent à réorganiser de manière continue les entreprises et à redéfinir sans cesse les postes de travail. En RFA, les patrons ont freiné le mécanisme de rotation en fonction duquel ils auraient dû engager de nouveaux travailleurs. Comme les patrons suisses, ils ont insisté sur le coût économique de mesures qui les forçaient à payer à nouveau des frais de recrutement, de voyage et de formation et les privaient d'une main-d'œuvre dont ils avaient assuré la qualification.

Les syndicats ont tardivement pris en cause les demandes des immigrés. Mais, dans la mesure où, en RFA, ils négocient la politique économique avec le patronat, ils ont alors défendu l'égalité de traitement entre immigrés et nationaux, faute de laquelle les travailleurs allemands auraient souffert de la concurrence avec des étrangers moins protégés. Les immigrés ont obtenu l'égalité des droits dans l'entreprise. En 1972, une révision de la « constitution du travail » accordait aux étrangers le droit d'être électeurs et élus dans les comités d'entreprise. Le taux de syndicalisation des immigrés est d'ailleurs supérieur à celui des Allemands.

Comme dans toute l'Europe, les Églises, les personnalités morales et les tribunaux, de leur côté, ont invoqué les droits de l'homme pour défendre les droits et la dignité des immigrés, devenus résidents étrangers. Pendant plus de dix ans, la défense des immigrés fut partie intégrante des combats « progressistes », au même titre que la lutte pour la paix et la protection de l'environnement. La force de l'opinion publique n'est pas à sous-estimer dans une démocratie. Dès le début des années 1970, l'ensemble des organisations qui les défendaient furent réunies en un Comité de coordination pour les travailleurs immigrés rattaché au ministre du Travail et chargé de participer à l'élaboration de la politique gouvernementale. Les sociologues et de nombreux intellectuels s'interrogent, depuis dix ans, sur la transformation de l'Allemagne en « société multiculturelle[1] », et les défenseurs du « multiculturalisme » sont nombreux parmi les écologistes et les alternatifs.

A partir de 1976, les tribunaux administratifs, de leur côté, ont jugé qu'interdire aux étrangers de se déplacer était inconstitutionnel ou contraire aux droits de l'homme. En 1978, le statut de stabilisation limita les droits des fonctionnaires pour interpréter la réglementation des permis de séjour permanent. Un permis de séjour pouvait être accordé après cinq ans de présence légale et un permis permanent au bout de huit ans si le postulant disposait d'un logement, si ses enfants satisfaisaient aux obligations scolaires et s'il parlait suffisamment l'allemand[2]. La réglementation de 1965 fut modifiée en 1979. En 1989, la cour fédérale de Karlsruhe a jugé inconstitutionnelle l'obligation faite aux étrangers d'avoir résidé trois ans au moins en Allemagne pour avoir le droit de faire venir leur époux(se). Le respect des droits de l'homme, contrôlé par la Cour européenne de justice, interdit de disposer du sort des immigrés en fonction des seuls besoins de l'économie.

Dès le début des années 1970, les textes officiels évoquaient la stabilité de la présence des immigrés, leurs besoins sociaux, les soucis humanitaires du gouvernement. Un rapport de l'Arbeiterwohlfahrt, en 1973, suggéra d'accorder provisoirement des privilèges *spéciaux* aux populations immigrées pour que leur soit assurée l'*égalité* avec les Allemands. Un rapport de l'Union chrétienne-démocrate (CDU) affirma, en 1977, qu'il fallait désormais mener une politique d'intégration, en précisant, bien sûr,

1. Harbach, 1976.
2. O'Brien, 1989, pp. 119-120.

selon l'idéologie de l'époque, que cela « ne voulait pas dire une assimilation qui transformerait les travailleurs étrangers et leurs familles en Allemands [1] ». Le budget fédéral consacré à cette intégration passa de 15 millions de DM en 1973 à 88 millions de DM en 1985. Des fonds furent accordés pour assurer un enseignement spécial destiné aux « secondes générations ». Des émissions de radio et de télévision répondaient à leurs « besoins ». Un ombudsman spécialisé pour les immigrés fut installé auprès du gouvernement fédéral en 1978. Le 4 mai 1983, les autorités allemandes annonçaient le passage d'une *Gastarbeiter Politik* à une *Ausländer Politik*.

En Suisse, malgré la philosophie libérale, les réfugiés bénéficient de centres d'accueil, les associations de volontaires sont nombreuses à s'occuper de défendre les droits et de favoriser l'installation des étrangers. Le gouvernement fédéral, lorsqu'il a restreint en 1970 les entrées d'étrangers, a créé une commission consultative, avec des représentants des partis politiques, des Églises et autres groupes sociaux concernés par le problème. Des commissions du même type existent au niveau des cantons et de certaines communes.

Le prolongement de leur séjour donnait progressivement aux immigrés des droits à la sécurité du séjour. Plus des trois quarts des étrangers en Suisse et plus de la moitié en Allemagne, présents depuis plus de dix ans, disposent désormais d'un droit au séjour permanent. Inévitablement accordé après dix années de présence en Suisse, il est plus important que la citoyenneté pour les migrants et il leur ouvre l'ensemble des droits civils et sociaux. Les étrangers titulaires d'un permis permanent sont traités comme les citoyens suisses, à l'exception du droit de vote et de l'accès

1. O'Brien, 1989, p. 123.

à quelques emplois particuliers. Ils ont le droit d'association. Parmi les plus actives, La Colonie libere italiane regroupe plus de dix mille adhérents.

A la fin des années 1970, en RFA, plus de 80 pour 100 des immigrés habitaient dans des logements du marché privé. On a vu que l'égalité devant la protection sociale était acquise au début des années 1970. Malgré le regroupement des immigrés dans l'espace urbain (ils forment entre 40 pour 100 et 67 pour 100 de la population dans certains quartiers de Francfort et plus de 40 pour 100 dans celui de Kreuzberg à Berlin), il ne s'est pas constitué de ghettos sur le modèle américain. Le regroupement a toutefois contribué à entretenir des relations étroites entre des populations souvent issues des mêmes régions ou des mêmes villages. Leurs organisations, consacrées au cinéma, aux sports, aux manifestations religieuses ou folkloriques, entretiennent la sociabilité et contribuent à l'intégration du milieu immigré. Mais la prise en charge des besoins sociaux par l'État-providence a empêché que se constituent les sociétés d'aide mutuelle et de soutien qui ont joué un rôle déterminant pour inscrire les communautés ethniques dans la vie sociale et politique aux États-Unis [1].

Les besoins de l'économie changent, mais les individus aussi. « Nous avons fait appel à des travailleurs, ce sont des êtres humains qui sont venus [2]. » Malgré la politique suivie, les immigrés se sont progressivement acculturés à la société allemande ou suisse. L'arrêt officiel de l'immigration a eu pour effet, comme dans toute l'Europe, d'accélérer les regroupements familiaux ; de même la décision d'accorder, en 1975, des allocations familiales plus élevées aux enfants présents en Allemagne. La présence

1. F. Heckmann, *in* Rogers, 1985, pp. 74 *sqq.*
2. M. Frisch, cité par Hammar, 1985, p. 224.

des familles des émigrés a conduit à des formes multiples de participation à la société d'installation et les populations d'origine étrangère ont connu un processus d'acculturation à la modernité.

On a affirmé en 1964 le caractère obligatoire de la fréquentation scolaire des enfants étrangers. Une enquête menée en Suisse au cours des années 1970-1980 avait montré que les résultats scolaires des enfants étrangers étaient inférieurs à ceux des enfants suisses de même niveau social. Mais progressivement il est apparu, grâce à de nouvelles enquêtes, que cet échec concernait les garçons et non les filles, et que la différence des résultats scolaires disparaissait quand il s'agissait des enfants étrangers nés et scolarisés en Suisse. Comme en Allemagne, on y constatait les attentes fortes des parents à l'égard de l'école et le transfert de leur projet de mobilité ascendante sur leurs enfants. Depuis novembre 1972, les Suisses affirment que les enfants étrangers doivent être intégrés dans le système éducatif comme les autres et bénéficier des mêmes chances. Ils prennent grand soin à ne pas former de classes spéciales selon la nationalité : les mesures spécifiques pour les nouveaux arrivés ne doivent jamais durer plus d'un an et ne doivent s'appliquer qu'à des petits groupes (quinze enfants au maximum) [1].

En Allemagne, malgré des politiques différentes dans chaque État, on tend désormais partout à scolariser les enfants d'immigrés dans l'enseignement général. En décembre 1971, on discuta au niveau gouvernemental de la politique à adopter : écoles séparées pour les enfants d'immigrés ou intégration dans les écoles de tous ? On adopta le second terme de l'alternative, tout en recommandant que le nombre d'enfants étrangers ne dépasse pas

1. H. J. Hoffmann-Nowotny, *in* Rogers, 1985, p. 123 *sqq.*

20 pour 100 de l'effectif de chaque classe. En dépit de cette décision de principe, des mesures particulières furent adoptées dans plusieurs États, partiellement sous l'influence des directives européennes et la pression de certaines organisations de défense des immigrés. L'interprétation de l'enseignement spécialisé est toutefois ambiguë. Dans le cas bavarois, les sociologues s'accordent à juger qu'il a été conçu pour favoriser le retour des enfants étrangers dans le pays de leurs parents. Dans d'autres États, il exprimerait le souci d'autorités « progressistes », prenant en compte les besoins particuliers de populations défavorisées. Quelle que soit l'interprétation exacte des intentions et des effets objectifs des politiques, la tendance est aujourd'hui de donner d'abord à tous les enfants étrangers le moyen de participer à la société d'accueil et de privilégier l'enseignement allemand.

Dans la plus grande partie du pays, l'enseignement religieux, obligatoire, est dispensé par des maîtres agréés par les Églises et rémunérés par les Länder. Tous les individus ont le droit de demander l'enseignement de leur religion. A la suite de Berlin, de la Bavière, de la Rhénanie-du-Nord-Westphalie, de la Hesse et de Hambourg, tous les Länder ont organisé l'enseignement de la religion musulmane à l'intérieur des écoles. Les programmes sont soumis à l'université du Caire et les maîtres, envoyés par le gouvernement turc, sont rétribués par les autorités allemandes. Cette décision implique à long terme que l'islam soit reconnu comme une religion et que la Fédération islamique, fondée dans ce but en 1981, reçoive des fonds pris sur les impôts généraux, au même titre que les Églises chrétiennes et les organisations juives. A Berlin, où les cours de religion ne sont pas obligatoires, on a proposé un enseignement « interculturel ». La connaissance de l'islam est désormais intégrée dans les programmes d'histoire.

Les immigrants disposent des droits sociaux et de ceux qui sont liés à leur emploi dans l'entreprise, en fonction d'accords internationaux ; ils continuent à bénéficier des premiers après leur retour dans le pays d'origine. Toutes les institutions font une place accrue aux étrangers. Hambourg a même accordé un droit de vote local aux étrangers. Dans d'autres municipalités, ils disposent de comités locaux, les *Ausländerbeirate*, qui ont une fonction consultative. S'ils ne disposent pas du droit de vote, ils peuvent avoir une activité dans les partis allemands et occuper des postes de responsabilité. Depuis 1982, tous les partis acceptent les étrangers, à l'exception de la CSU de Bavière. Les associations musulmanes et kurdes se développent en Allemagne mieux qu'en Turquie et traitent de plus en plus des problèmes des immigrés installés [1]. Les grèves sauvages de 1973 menées par des ouvriers turcs de la sidérurgie ont paradoxalement symbolisé le fait qu'ils étaient devenus des acteurs de la société allemande. L'universalité des postes de travail et l'égalité des droits civils et sociaux font partie intégrante de la société démocratique moderne, où toute appartenance « ethnique » est subordonnée à l'universalité du droit et de la politique [2]. Dans des sociétés qui proclament le principe et la valeur de l'égalité, les immigrés n'échappent pas plus que les autres aux processus par lesquels toute inégalité de fait, toute discrimination devient insupportable.

Les étrangers installés en Suisse sont plus intégrés et mieux « assimilés » qu'en RFA. Ils restent plus longtemps dans le pays, obtiennent une meilleure formation, ils ont émigré plus jeunes, se marient plus souvent avec des nationaux, sont plus souvent installés avec leur famille et, quel

1. C. Wilpert, *in* ORSTOM, 1987, p. 569.
2. Hoffmann, 1990, p. 50.

que soit l'indicateur reconnu, participent plus activement à la vie collective[1]. Outre la composition de la population immigrée, plus souvent issue des pays voisins, on peut penser que l'intégration est favorisée par les conditions générales de la vie en Suisse. Dans tous les pays, l'égalité est mieux assurée à l'école que devant le marché du travail et le logement. Mais les discriminations sont d'autant plus fortes que le chômage est élevé et le logement difficile. En Allemagne, 25 pour 100 des jeunes Turcs seulement bénéficient de l'apprentissage et leur taux de chômage est plus élevé que celui des jeunes Allemands du même âge et de la même qualification professionnelle. C'est le quasi-plein-emploi qui permet aux jeunes étrangers de Suisse de connaître une situation plus favorable.

Les responsables allemands s'efforcent désormais, de manière parfois contradictoire, de mener une politique d'intégration tout en encourageant le retour du plus grand nombre d'immigrés. Le programme gouvernemental annonçant la nouvelle politique en 1973 réaffirmait, une fois de plus, que l'Allemagne n'était pas un pays d'immigration et ne mentionnait comme objectif qu'une « intégration temporaire » *(Integration auf Zeit)*, tout en précisant que « tout devait être fait pour humaniser le séjour des immigrants ». Cela continue à être la politique officielle. En 1979, le célèbre rapport de Heinz Kühn, ancien ministre-président de Rhénanie-Westphalie, nommé au nouveau poste de délégué fédéral pour l'intégration des étrangers et de leurs familles, proposait la définition d'une politique cohérente, qui ne serait plus fondée sur les seuls besoins économiques, cesserait de parler d'intégration provisoire, augmenterait la sécurité juridique des étrangers installés, s'efforcerait de supprimer les pratiques de ségré-

1. H. J. Hoffmann-Nowotny, *in* Hammar, 1985, p. 226.

gation et de discrimination et donnerait aux enfants étrangers nés et scolarisés en RFA le droit d'obtenir la nationalité allemande. Les conclusions du rapport n'ont pas été officiellement adoptées et le terme d'intégration continue à être refusé dans la vie publique. La politique en reste souvent ambiguë. On continue en particulier à encourager le retour vers le pays d'origine des immigrés qui le souhaitent. Mais le sens général de la politique, en particulier à l'égard des jeunes étrangers qui ont été scolarisés en RFA, n'est pas douteux.

C'est à faire participer les migrants et leurs enfants à la vie politique et économique qu'on s'emploie désormais. L'acculturation de fait des populations d'origine immigrée, leur participation accrue à la vie collective, le refus de la majorité d'entre eux de rentrer dans le pays d'origine font que, de plus en plus, la politique d'intégration est devenue inévitable.

La législation actuelle continue à empêcher que se déroule la dernière étape de l'intégration : l'acquisition de la nationalité. Au rythme actuel, il faudrait cent ans pour que les étrangers présents acquièrent la nationalité suisse. Sur cent trente mille Turcs ayant le droit d'acquérir la nationalité allemande, en 1978, trois cent dix-huit la demandèrent [1]. Mais dans les deux pays la législation a été récemment assouplie, pour faciliter, en particulier, l'acquisition de la nationalité par les jeunes nés et scolarisés dans le pays d'installation. Malgré l'hostilité qu'ils ont rencontrée, les étrangers ont été intégrés de fait, dans la mesure où ils participent de plus en plus activement à la vie sociale et économique — et de manière d'autant plus favorable que la situation générale du pays est plus prospère. Mais le refus de leur accorder la citoyenneté et les droits politiques qui lui

1. H. Esser et H. Korte, *in* Hammar, 1985, p. 197.

sont attachés les constitue en minorités politiques, dotées des seuls droits civils, économiques et sociaux. Si les discriminations de fait subsistent dans la vie sociale, on peut penser que l'absence de droits politiques y contribue. La citoyenneté juridique ne suffit évidemment pas à assurer l'égalité de fait, mais elle en est une condition. Si la liberté formelle n'assure pas par elle-même les libertés réelles, pour reprendre la critique traditionnelle des marxistes, elle en est pourtant la condition nécessaire. Sauf exception fondée sur une longue histoire et une longue expérience de relations entre les groupes, comme en Suisse, l'existence de minorités politiques n'est sans doute pas, à long terme, compatible avec la nation démocratique. La présence continue de populations qui ne participent pas pleinement à la vie publique risquerait d'affaiblir encore plus la dimension politique des nations modernes. La société démocratique se donne pour fin de diffuser le bien-être, elle se fonde sur le principe de n'exclure personne de la citoyenneté bourgeoise.

L'expérience des Allemands et des Suisses est instructive. La *politique de contrats de travail*, contraire aux principes démocratiques et aux pratiques de l'État protecteur (d'où l'importance, dans tous les pays d'immigration, du travail clandestin), a échoué. Quelle que soit la politique, le double fait de l'acculturation des populations émigrées et des conditions de la vie dans les nations démocratiques conduit à la participation de fait des immigrés à la société, à la communauté politique et « communicationnelle », pour reprendre l'expression de Habermas, qui caractérise la démocratie moderne. Les différences entre les divers pays européens portent désormais sur les rythmes et les modalités de l'intégration.

CHAPITRE III

MODALITÉS D'INTÉGRATION

En Allemagne et en Suisse, la volonté des gouvernants de mener une *politique de contrats de travail* n'a pas empêché les populations immigrées de participer progressivement à la vie collective, ce qui a contraint les gouvernants à prendre des mesures pour favoriser leur intégration. Dans les autres pays européens, la politique d'immigration n'a jamais été formulée aussi clairement et l'on montrerait facilement les contradictions entre les discours selon les périodes et plus encore entre les déclarations et les pratiques. Si l'on fait un bilan rétrospectif des pratiques, on peut toutefois les analyser comme des *politiques d'intégration*. Dans chaque pays, pourtant, les modalités en furent spécifiques. Bien que tous les pays de l'Europe appliquent les mêmes droits fondamentaux, qui imposent, entre autres, l'égalité de traitement juridique entre immigrés et nationaux, chacun d'entre eux mène une politique particulière en fonction de deux séries de variables, les unes liées à la tradition politique, les autres aux caractéristiques de l'État-providence.

Parler d'intégration ne signifie évidemment pas que tous les immigrés soient « intégrés » au sens politique du terme, moins encore qu'ils soient « bien » intégrés. Il ne s'agit pas d'oublier qu'une majorité d'entre eux occupent des emplois de bas niveau, souvent mal rétribués et pénibles et qu'ils sont, plus que les autres, susceptibles de connaître le chômage ; que leurs enfants sont nombreux parmi les jeunes désocialisés, pour lesquels l'entrée sur le marché du travail est difficile et qui sont réduits à faire l'expérience de la « galère » pendant de longues années. L'intégration est un « concept horizon », qui définit abstraitement des dimensions diverses de la participation à la vie collective. On l'utilise ici, comme on l'a fait dans un ouvrage précédent [1], au sens de la tradition sociologique, pour désigner les formes de participation à la société globale par l'activité professionnelle, l'apprentissage des normes de consommation matérielle, l'adoption progressive des comportements familiaux et culturels. On montrera que les immigrés participent — ce qui n'exclut évidemment pas que certains d'entre eux participent « mal » — aux sociétés européennes dans lesquelles ils sont installés.

TRADITION POLITIQUE ET ÉTAT PROTECTEUR

La tradition politique comprend des dimensions variées : la conception communautaire ou contractuelle de la nation ou, en d'autres termes, l'histoire de la nation et l'image qu'elle se fait d'elle-même ; les suites de l'histoire et de la politique coloniales ; le rapport entre l'État et les institutions religieuses ; enfin la tradition plus ou moins unitaire de l'élaboration nationale, qui laisse à l'expression des spécificités culturelles une place inégale selon les pays.

1. Schnapper, 1991.

Nation communautaire et nation politique

J'ai rappelé ci-dessus l'opposition entre la nation dite « à l'allemande », fondée sur un lien de nature communautaire, et la nation, souvent dite « à la française », qui relie de manière contractuelle des individus partageant un projet politique commun. Dans son principe et dans son idéal, la nation de ce type est ouverte à tous ceux, quelles que soient leur race, leur religion ou leur culture, qui manifestent l'aptitude et la volonté, d'ailleurs liées l'une à l'autre, d'acquérir les moyens de participer à l'activité économique et de partager les idéaux politiques qui fondent la vie de la collectivité. Parce que aucune société démocratique ne respecte entièrement ses propres principes, il va de soi que cette conception de la nation n'a jamais empêché les manifestations, éventuellement violentes, de xénophobie.

Dans sa réalité concrète, aucune nation européenne n'est entièrement conforme à ces deux idées, impossibles à concrétiser dans leurs ultimes conséquences. La nation « à l'allemande » fermerait la communauté nationale à son avenir et nierait toute possibilité de renouvellement, elle refuserait la liberté des individus définitivement inscrits par leur naissance dans une communauté particulière. La nation purement « à la française » fermerait la communauté à son passé, romprait les liens entre les individus et affaiblirait le lien social. Aucune nation ne peut être le fruit de la pure volonté, ni l'expression simple d'une unité organique. Toute nation historique combine des traits empruntés à l'une et l'autre conception. Elle incorpore et réinterprète des éléments ethniques préexistants et suscite, à son tour, des liens de type communautaire entre ses membres. La revendication nationale se fonde et s'affermit par la conscience d'une communauté de culture ; le sentiment de l'unité communautaire conduit à réclamer une expression politique.

Les pays européens se réfèrent à chacune des deux conceptions de manière inégale en fonction de leur histoire. L'Allemagne et la Suisse sont les plus proches de l'idée communautaire de la nation. Les autres pays européens se rapprochent du modèle de la nation politique. Alors que la Suisse et l'Allemagne s'efforçaient de mener une politique de contrats de travail, la Grande-Bretagne, la France ou la Belgique ont en fait adopté une politique d'intégration, qui est dans la logique de la nation politique. Pour des raisons historiques, aux Pays-Bays et en Suède, la politique se veut plus respectueuse des spécificités culturelles des populations immigrées.

L'inconscient historique ou le souvenir des empires

La plus grande partie de l'émigration vers la Grande-Bretagne et une moitié environ des migrations vers la France et les Pays-Bas sont le legs de la colonisation et de la fin des empires. D'une part, les populations issues des pays soumis à la domination coloniale, anciens colons et anciens « indigènes », sont venues en grand nombre. D'autre part, la politique de la nationalité, le droit d'entrée sur le territoire national, la manière de considérer et de traiter les populations qui sont désormais installées dans l'ancienne « mère patrie » prolongent l'histoire coloniale.

Même s'il ne faut pas cristalliser l'opposition entre les politiques suivies par les puissances coloniales, si celles-ci se sont adaptées aux conditions locales, il n'en reste pas moins que leur attitude fut différente. Pour les Britanniques, la supériorité de leur culture s'imposait d'elle-même, sans qu'ils jugeassent utile de faire l'effort de la diffuser et de l'imposer aux populations indigènes. Les Néerlandais, eux, concevaient leurs colonies comme des lieux d'exploitation économique pour leurs entreprises privées ou publiques. Non seulement ils furent soucieux de respecter les coutumes locales, mais ils ne se préoccupèrent ni d'introduire les principes et les institutions européens, ni de pratiquer eux-mêmes leur propre langue dans leurs colonies [1]. Les Allemands, tard venus dans la conquête coloniale (1884-1914), firent de l'Afrique un lieu d'exploitation économique et d'expérimentation scientifique [2]. Les Français, au contraire, croyaient à leur mission civilisatrice et se donnaient pour objectif de répandre leur culture, symbole de la civilisation en tant que telle par son ambition universelle, dans les régions les plus reculées de l'Afrique et de l'Asie. Moins pragmatique et directement intéressé que ceux des autres puissances coloniales, le projet colonial français fut plus missionnaire.

Le mode de gouvernement se déduisait de cette conception différente de la supériorité occidentale. Dans l'ensemble, les Britanniques se firent une règle d'appliquer le *Home Rule*, c'est-à-dire de consolider les pouvoirs locaux et de contrôler simplement les chefs traditionnels, qui tenaient désormais leur pouvoir de la puissance coloniale. Ce fut le cas dans toute l'Afrique anglaise et en Inde (en revanche, la Birmanie fut soumise au gouvernement direct). Les Anglais préféraient les chefs traditionnels à l'élite formée dans leurs propres universités. Pendant la glorieuse époque de l'empire, il n'y eut jamais de député noir ou indien à Westminster. Les premiers MP's noirs, nouveaux citoyens britanniques d'après la fin de l'empire, furent élus en 1987. La France, au contraire, entendait franciser les indigènes

1. Bousquet, 1938, p. 124.
2. J. Fage, *in* Gifford-Louis, 1967, p. 700.

et prétendait, au moins dans sa mythologie sinon dans sa pratique, les tranformer en Français à part entière. Pendant la Révolution et, de nouveau, au début de la IIe République, la France a reconnu les habitants des quatre communes du Sénégal comme citoyens à part entière, jouissant notamment du droit d'envoyer un représentant au Parlement français. Des députés « indigènes », du Maghreb ou d'Afrique noire, siégeaient à la Chambre ou au Sénat de la IIIe et de la IVe République. Dans les faits, le régime d'administration directe *(direct rule)* et la politique d'assimilation ne purent jamais être intégralement appliqués. Le gouvernement français a lui aussi souvent confié les fonctions administratives à des chefs locaux. Malgré tout, en Afrique par exemple, les intellectuels africains demandèrent très tôt à devenir des Français à part entière et revendiquèrent les droits de la pleine citoyenneté. Un petit nombre, les plus « civilisés » selon le terme de l'époque, l'obtint. « Alors que les pays d'Afrique-Occidentale britannique, de 1946 à 1956, se voyaient accorder, à titre de promotion politique, une participation de plus en plus grande au pouvoir exécutif et législatif local, ceux d'Afrique française se virent accorder au même titre une participation de plus en plus grande au pouvoir exécutif et législatif de la France [1]. » Quant aux Néerlandais, ils ont appliqué un mode de gouvernement direct, une « tyrannie administrative extrêmement dure [2] ». Ils ont administré directement leurs colonies dans le seul but d'en tirer le meilleur profit, en respectant les droits nés de la coutume locale, sans chercher à occidentaliser les indigènes. Le respect de la tradition locale ne les empêchait pas d'estimer qu'ils avaient le droit et le devoir d'imposer leur volonté aux indi-

1. Wallerstein, 1966, p. 89.
2. Bousquet, 1938, p. 88.

gènes dans toutes leurs affaires, sans guère se soucier de leur liberté. Dans les Indes néerlandaises, en 1938, même dans l'administration locale, purement consultative, la part des indigènes restait encore très faible. Quant au gouvernement allemand, avant 1914, il administrait directement ses colonies africaines à partir de Berlin.

Les codes de la nationalité prolongent cette histoire. Les anciennes puissances coloniales ont dû préciser qui disposait de la nationalité française, britannique ou néerlandaise. Les Français, plus que les Anglais, ont pris des mesures qui permettaient de réintégrer non seulement les Français installés dans les colonies, qui étaient déjà de nationalité française, mais des personnes originaires des pays colonisés qui avaient perdu cette nationalité à la suite de l'indépendance. Elles peuvent, par déclaration, réintégrer la nationalité française (en fonction des articles 153-156 du Code de la nationalité française). Jusqu'en 1962, la Grande-Bretagne donnait la pleine citoyenneté à tous les membres du Commonwealth. A partir de cette date, une série d'actes législatifs, on l'a vu, sont venus limiter le droit à l'accès sur le territoire national et les droits de la citoyenneté qui avaient trop généreusement été accordés pendant la période coloniale. Les Néerlandais ont également adopté des mesures de réintégration et accordent le droit à la double nationalité aux étrangers qui n'appartiennent pas à la Communauté européenne.

La manière de traiter les populations désormais installées sur le sol national et disposant de la pleine citoyenneté s'inscrit aussi dans la suite de l'histoire coloniale. La présence des ex-colonisés symbolisait en Grande-Bretagne la fin de l'empire : ils restent perçus comme des « indigènes » ; le racisme est plus « phénotypique » que dans les autres pays européens. « Un trait central de la règle de la domination coloniale — gouvernement indirect à travers les responsables indigènes — a été appliqué dans la mère patrie[1]. » Les commissions — ou institutions « tampons » — représentant les immigrés anciennement colonisés sont formées de Britanniques, les uns « de souche » et les autres anciennement « colonisés », nommés, comme du temps colonial, par le gouvernement pour « promouvoir l'harmonie et le consensus ». Elles ne sont pas devenues les véritables représentants — au sens démocratique du terme — des Britanniques d'origine immigrée. Les Français, plus assimilationnistes, se contentèrent de donner la citoyenneté aux anciens colonisés, sans leur accorder de représentation particulière. Toutes les institutions qui mènent une politique sociale en faveur des immigrés sont organisées par les Français. Le « problème des immigrés » est interprété comme celui des autres « cas sociaux » : absence de qualification professionnelle, pauvreté, instabilité familiale, non comme un problème de relations avec des « indigènes ». Quant au pluralisme culturel qu'entendent appliquer les responsables aux Pays-Bas, il prolonge directement la politique du respect de la coutume qui fut appliquée dans les Indes néerlandaises. Bien qu'ils soient titulaires d'un passeport néerlandais, les Antillais originaires du Surinam y sont perçus comme des immigrés.

Les formes de la laïcité

Tous les pays européens proclament le caractère laïc de l'État et la liberté de confession religieuse et d'exercice du culte, ce qui entraîne un inévitable pluralisme. Mais le principe de laïcité conduit à des relations différentes entre l'État et les organisations religieuses. Les religions sont parfois

1. I. Katznelson, cité par Freeman, 1975, p. 30.

reconnues par la législation, comme en Suisse ou en Allemagne, où les Églises reçoivent des ressources issues des impôts généraux (de 8 à 10 pour 100 de l'impôt sur le revenu en RFA), en fonction de l'importance de la population qui s'est déclarée catholique, protestante ou juive. En Allemagne, la religion est indiquée sur la carte d'identité. Même en France, où l'attachement à la laïcité est le plus intimement lié à la tradition politique, où la séparation de l'Église et de l'État fut proclamée plus violemment que dans aucun autre pays, où l'éducation est « nationale », les organisations religieuses ont tissé avec l'État des rapports spécifiques et négocient avec les autorités les conditions de l'enseignement religieux, du respect des fêtes et du déroulement des cérémonies. Le chef de l'État reçoit les vœux des autorités religieuses au premier de l'an. La reine d'Angleterre, elle, est le chef de l'Église anglicane, et beaucoup d'écoles privées diffusent une morale religieuse d'inspiration chrétienne. En Suisse, en Allemagne, en Belgique, l'enseignement religieux dispensé dans les écoles publiques est subventionné par l'État.

L'attitude à l'égard des immigrés musulmans diffère selon ces traditions. L'enseignement de l'islam dans les écoles par des maîtres choisis par les pays d'origine, mais rétribués par le gouvernement (ils étaient environ trois cents en 1989-1990 dans l'enseignement primaire et secondaire et vingt-sept mille enfants suivaient leurs cours), a été un instrument privilégié de la politique d'intégration en Belgique. L'islam pénètre dans certaines écoles anglaises, où la journée commence par une prière collective. Les Allemands refusent, pour l'instant, d'accorder aux musulmans l'équivalent de ce qu'ils donnent aux autres Églises, mais, en institutionnalisant les dialogues interreligieux avec les Églises chrétiennes et en organisant des cours d'islam dans les écoles, ils préparent, à plus ou moins long terme, sa reconnaissance officielle dans la vie sociale et politique. A cause de la séparation de l'Église et de l'État, le gouvernement néerlandais n'a pas de politique à l'égard de l'islam, mais les mesures qu'il prend en faveur des minorités ont permis d'autoriser les enterrements dans des cimetières spéciaux, d'organiser l'abattage rituel et d'accorder des congés pour les fêtes musulmanes. Les Français ne reconnaissent pas les pratiques musulmanes dans l'espace public. Mais la création du CORIF, inspiré de l'organisation du Consistoire juif ou de la Fédération protestante, est destinée à institutionnaliser les relations entre les organisations musulmanes et les pouvoirs publics, à offrir un lieu de négociations sur les problèmes que rencontrent les pratiquants d'un islam minoritaire en terre de tradition chrétienne et de principe politique laïc pour organiser l'abattage rituel, respecter le ramadan et construire des lieux de culte.

Le respect des spécificités culturelles

Dans toute démocratie, la liberté de maintenir les spécificités culturelles dans le privé est inscrite dans le principe même de la vie collective. Ce qui distingue les différents pays européens, c'est la reconnaissance de ces spécificités *dans le domaine public*. De manière idéale typique, il existe deux politiques, selon que la politique d'intégration est *collective* ou *individuelle*. Pour fixer les idées, les exemples historiques les plus proches des deux termes du type idéal seraient, de ce point de vue, les États-Unis et la France, les politiques menées en Grande-Bretagne, aux Pays-Bas et en Suède constituant des cas intermédiaires. Aux États-Unis, les particularismes nationaux sont reconnus non pas juridiquement, comme dans l'Afrique du Sud de l'apartheid, mais dans les pratiques sociales. Dans l'intégration nationale « à la française », ils ne le sont pas. On participe à la nation française en tant que citoyen individuel, les citoyens américains, eux, s'expriment dans la vie publique à travers les communautés ethniques. Toutes les formes intermédiaires existent dans la réalité historique concrète.

L'examen des politiques d'intégration menées par les grands pays d'immigration montre le rôle particulier joué par l'enseignement et le droit de la nationalité. On dispense aux immigrés et à leurs enfants, en France comme aux États-Unis, du moins jusqu'à une date récente, l'enseignement général, en imposant l'apprentissage et la pratique d'une langue unique dans l'espace public. Les enseignements particuliers, lorsqu'ils existent, sont provisoires. On a vu qu'aux États-Unis comme en France le droit de la nationalité est « ouvert ». Mais, au-delà de ces dispositions communes, des différences apparaissent dans les autres dimensions de la vie sociale selon qu'il s'agit d'une *intégration individuelle* ou d'une *intégration collective*.

Le contrôle des flux migratoires en fonction des besoins du marché du travail est toujours affirmé, mais il est plus rigoureusement appliqué dans l'intégration collective, où il tient compte de la représentation des divers groupes (le système des quotas est resté en vigueur jusqu'en 1965 dans la législation américaine), que dans le cas de l'intégration individuelle.

Dans les pays fondés sur le principe de l'intégration collective, on assiste à la formation de quartiers ethniques, par le double effet de la non-intervention dans les processus de regroupements ethniques et de la différenciation sociale. Les politiques en faveur des populations « ethniques » peuvent aboutir, quand elles vont jusqu'au bout de leur logique, à instaurer des discriminations positives *(affir-*

mative action), qui apparaissent comme une conséquence logique de l'effort pour compenser les handicaps auxquels les populations « ethniques » sont confrontées. Des branches d'activité et des postes de travail, le plus souvent les moins qualifiés, sont pratiquement réservés à des populations en fonction de leurs origines nationales. Les organisations créées par les immigrés ont une fonction religieuse, culturelle et une dimension politique. Les lobbies grec, turc ou juif, officiellement installés dans leurs bureaux de Washington, interviennent en tant que tels pour aider les campagnes électorales des candidats qui leur sont favorables et infléchir la politique extérieure des États-Unis.

Dans les pays fondés sur le principe de l'intégration individuelle, l'intervention publique consiste au contraire à freiner — explicitement ou implicitement — la constitution de quartiers ethniques, qualifiés de ghettos. Des efforts en ce sens ont été faits dans tous les pays européens. La politique particulariste est jugée dicriminante : on l'accuse de stigmatiser les groupes auxquels elle est destinée. L'origine nationale n'est pas prise en compte dans l'organisation collective du travail, même si, de fait, certains postes ont plus de probabilités d'être occupés par les immigrés de certaines nationalités. Les organisations d'immigrés n'ont pas de fonctions politiques reconnues. Leurs responsables se contentent de négocier avec les pouvoirs locaux les conditions, légales et financières, qui leur permettent de maintenir leur activité culturelle et religieuse.

Les moyens utilisés par les gouvernements européens pour lutter contre les discriminations sont liés à l'histoire de l'intégration nationale. Le gouvernement belge, qui craint de voir reconnaître la « partition » entre les Wallons et les Flamands, intervient peu. Le droit français réprime les idéologies, certains actes ou omissions caractérisés, mais il se heurte à la difficulté de réprimer les inégalités et les intolérances de la vie quotidienne. En revanche, dans les pays qui reconnaissent les particularismes culturels, comme les Pays-Bas ou la Grande-Bretagne, plus proches de l'intégration collective, « le concept de communauté ou de minorité ethnique et celui de race sont légitimés, institutionnalisés, comme si leur définition allait de soi [1] ».

L'État protecteur

Les formes de la protection sociale varient d'un pays à l'autre. Sans entrer dans le détail des législations et des organisations nationales, on peut adopter un indicateur grossier, mais suffisamment efficace, pour distinguer parmi les pays européens trois groupes selon le degré d'intervention de l'État : le pourcentage des dépenses sociales dans le PIB. Le premier comprend la France (34,2 pour 100), la Suède (32,06 pour 100) et les Pays-Bas (30,7 pour 100), où les dépenses sociales dépassent 30 pour 100 du PIB ; le second, l'Allemagne, où le pourcentage atteint 25,8 pour 100 ; le troisième, la Grande-Bretagne (20 pour 100) et la Suisse (20,2 pour 100) [2]. Cet indicateur est d'autant plus grossier qu'il ne mesure pas l'ensemble des dépenses sociales, mais seulement celles qui sont redistribuées par l'État. Aux États-Unis et en Suisse, par exemple, une grande partie des transferts sociaux sont assurés par l'intermédiaire de sociétés d'assurances privées. Ce taux constitue pourtant un indicateur acceptable du niveau d'intervention de l'État-providence, puisque les immigrés sont plus particulièrement dépendants de la protection sociale étatique.

Aucune politique sociale n'est aussi efficace que l'obten-

1. J. Costa-Lascoux, *in* Taguieff, 1991, 2, p. 122.
2. OCDE, 1988.

tion d'un emploi reconnu et stable, assurant l'ensemble des droits sociaux. Or, la restructuration des économies européennes a abouti à substituer un emploi plus qualifié aux emplois qui avaient été occupés par les populations issues des pays plus pauvres au cours des trente glorieuses années de développement économique [1]. Dans la mesure où la participation à la vie économique est une condition privilégiée d'intégration à la vie collective, le taux de chômage est étroitement lié à la condition sociale des immigrés. Le niveau des transferts sociaux et l'étendue du chômage contribuent à singulariser la manière dont les résidents étrangers participent à la vie collective dans chacun des pays européens.

DES FORMES NATIONALES

En dehors de l'Allemagne et de la Suisse, les pays européens n'ont que tardivement défini une politique d'immigration. On peut opposer, du point de vue politique, les deux nations unitaires que sont la France et la Grande-Bretagne aux démocraties sociales du Nord, Suède et Pays-Bas, qui reconnaissent les particularismes culturels. Mais la tradition est plus unitaire en France qu'en Grande-Bretagne, où la Couronne britannique relie quatre ethnies qui gardent fortement le sentiment de leur identité et où

1. Si l'on exclut, d'un côté, l'Espagne et l'Irlande, dont le taux de chômage atteint 17 pour 100 de la population active, et, de l'autre, la Suisse et le Luxembourg, où il est inférieur à 3 pour 100, les pays européens ont un taux compris entre 5 pour 100 et 11 pour 100 (9 pour 100 en moyenne) : 5 pour 100 au Portugal, 5,5 pour 100 en Allemagne, 6,7 pour 100 au Danemark, 7,8 pour 100 en Grande-Bretagne, 8,5 pour 100 en Belgique, 9,3 pour 100 aux Pays-Bas, 9,5 pour 100 en France et 11,1 pour 100 en Italie. *Cf.* Eurostat, 1991.

la tradition politique laisse une plus large autonomie aux citoyens[1]. Le niveau des transferts sociaux dépasse en France celui des démocraties nordiques, alors que celui de la Grande-Bretagne reste relativement faible. Par ailleurs, en France et aux Pays-Bas, la moitié des populations immigrées est issue de l'ancien empire colonial, mais les deux pays ont aussi mené une politique de travailleurs immigrés, qu'ils jugeaient nécessaire à leur développement. En revanche, la majorité des migrations en Grande-Bretagne a été l'effet direct de la fin de la domination impériale. Contrairement aux autres pays européens, la faiblesse relative de l'économie britannique la rendait moins dépendante de la main-d'œuvre immigrée. Chaque pays européen combine de manière spécifique sa tradition nationale et une forme particulière de protection sociale.

Pluralisme et « État-providence » en Suède et aux Pays-Bas

En Suède, la culture nationale, malgré son homogénéité, n'est pas étroitement liée à un projet politique[2]. On a pu y décrire la vie publique comme une sorte d'entreprise géante, menée selon les normes de la qualité technique, du rendement commercial et des négociations collectives spécifiques du monde de l'entreprise[3]. Le système politique est en effet caractérisé par la stabilité, le consensus, la décentralisation, le sens du compromis et la bureaucratisation. Les immigrés y sont tout naturellement les bénéficiaires de la protection sociale. Plus que dans tout autre

1. Grillo, 1983, p. 292.
2. Brubaker, 1989, p. 9.
3. P. Guillet de Monthoux, *in* Schnapper-Mendras, 1990, pp. 67-92.

pays, leurs spécificités culturelles sont publiquement reconnues. Leur intégration est le produit du pluralisme politique, qui repose sur des collectivités locales indépendantes et puissantes, et de l'action de l'État-providence.

En 1975, le gouvernement suédois a proclamé qu'il entendait mener une politique de « pluriculturalisme » grâce à laquelle il pourrait assurer aux immigrés non seulement l'égalité de droits avec les nationaux, mais la liberté de maintenir leur culture particulière. Trois principes ont été proclamés : l'égalité entre immigrés et Suédois, la liberté de choix, la coopération et la solidarité entre Suédois et « minoritaires ». Ainsi, les immigrés pourraient désormais bénéficier des mêmes conditions de vie que les nationaux, faire un véritable choix entre la culture suédoise et leur culture d'origine et, enfin, obtenir que soit reconnue leur contribution à la vie commune[1].

Afin de leur permettre ce choix, les parents dont la langue n'était pas le suédois obtinrent, en 1976, le droit de demander que leurs enfants apprennent leur langue dans les écoles publiques. Des fonds furent accordés aux associations d'immigrés et aux municipalités. Depuis 1979, certains enseignements généraux sont effectivement donnés dans les langues d'origine. En 1981, trois cents langues « maternelles » étaient ainsi professées dans les écoles suédoises ; quatre mille élèves, soit 10 pour 100 des enfants, dont la langue maternelle n'était pas le suédois, suivaient l'enseignement général dans la langue de leurs parents tout en apprenant le suédois. Les autres (environ cent mille) se contentaient de suivre des cours de langue[2]. Mais les sociologues craignent que, en raison de ce développement culturel autonome, les étrangers ne se trouvent assignés

1. T. Hammar, *in* Hammar, 1985, p. 33.
2. T. Hammar, *in* Hammar, 1985, p. 37.

dans des « réserves » dépourvues de pouvoir, incapables de faire participer leurs membres à la vie politique [1].

Cette politique se combine avec l'idée que la participation des étrangers à la vie politique locale favorise leur intégration. Selon ses défenseurs, cette disposition permet aux immigrés d'exercer directement une influence politique, accroît leur intérêt pour la vie locale et renforce leur dignité. A l'unanimité des partis politiques, les étrangers résidents depuis trois ans se sont vu accorder — sans l'avoir réclamé — le droit de vote en 1975. La première participation électorale a eu lieu en septembre 1976 et concernait deux cent vingt mille étrangers sur deux cent soixante-dix mille présents, soit 3,5 pour 100 de l'ensemble de l'électorat suédois. Les programmes électoraux furent traduits en quinze langues. Les étrangers, loin de constituer un « parti des immigrés », ont participé au jeu politique en votant pour les partis suédois. Les élections de 1976, 1979 et 1982 ont confirmé qu'ils votaient d'une manière comparable aux nationaux, tant en ce qui concerne la participation que le choix partisan, étroitement dépendant de leur appartenance sociale. Étant donné le rôle des communautés locales, dont témoigne le poids des impôts locaux (25 à 30 pour 100 de l'impôt sur le revenu), la participation des étrangers n'est pas seulement symbolique. C'est au niveau local qu'est appliquée la politique décidée par le Statens Invandrarverk [2]. On qualifie de « *denizens* » ces étrangers installés qui participent à la vie publique sans être pour autant devenus des citoyens suédois.

La tradition politique favorise la reconnaissance des communautés étrangères qui peuvent être réinterprétées comme une autre collectivité. Les syndicats, qui regrou-

1. Schierup, 1987.
2. T. Hammar, *in* Rogers, 1985, pp. 85 *sqq*.

pent 90 pour 100 des ouvriers et 70 pour 100 des employés et dont les liens sont étroits avec le parti social-démocrate, qui fut au pouvoir jusqu'en 1976, puis de 1982 à 1991, ont aussi joué un rôle dans le sens de l'égalité des droits. La passion égalitaire, l'importance des interventions sociales dans la vie collective ont contribué à faire adopter la nouvelle politique. L'acquisition de la nationalité est devenue la plus facile de tous les pays européens. Mais il importe de rappeler qu'elle s'accompagne de mesures très restrictives en ce qui concerne l'accès au territoire national et la forte proportion d'étrangers issus des pays scandinaves : pour les deux tiers, les immigrés sont issus des pays nordiques. Le nombre des non-Européens, bien qu'en augmentation, reste faible[1].

Jusqu'à quel point la reconnaissance des particularismes et l'ouverture de la nationalité ne sont-elles pas contradictoires, l'idéal de l'État-nation consistant à faire coïncider unité culturelle et unité politique ? La Suède évolue-t-elle vers une nouvelle forme politique, fondée sur la coopération administrative et la négociation entre des collectivités culturelles différentes, unies par la seule collaboration de la vie économique ? Ou bien la faible proportion des étrangers, la sévère surveillance des flux migratoires, qui interdit l'entrée de nouvelles populations, la proximité d'origine de la majorité des immigrés entraînent-elles simplement un processus d'intégration progressive des immigrés, dans laquelle la reconnaissance des particularismes constitue une étape ?

Aux Pays-Bas, l'accord entre les catholiques, les protestants et les « laïcs » qui fonde le contrat politique est le produit d'une longue histoire : la lutte qu'ils ont menée

1. J. Costa-Lascoux, *in* Bastenier *et al.*, 1988.

ensemble au XVIIe siècle contre la plus forte armée d'Europe pour conquérir leur liberté. L'indépendance assurée contre les voisins plus puissants est au cœur du projet politique commun. La séparation entre les groupes catholiques, protestants et « laïcs » est institutionnalisée en un système social et politique dit de « piliers ». Chacun dispose de ses écoles, de ses hôpitaux, de ses logements, de ses syndicats, de ses associations de travail social, de ses partis politiques, de ses clubs de sport et de ses radios. Il existe peu de contacts entre chaque « pilier », mais les élites organisent la vie commune et intègrent les divers éléments en un système uni par l'idéologie nationale. L'ébranlement récent des Églises comme institutions sociales ne l'a pas fondamentalement remis en cause, même si l'on commence à s'interroger sur la solidité de ce système d'intégration[1].

Dès lors, les immigrés pouvaient être réinterprétés comme un « pilier » supplémentaire dans la vie nationale — et cela d'autant plus que le respect de la coutume locale avait été l'un des principes essentiels de la politique coloniale. Le libéralisme historique du pays se trouvait, d'autre part, en affinité avec une attitude de respect des identités particulières. De plus, la loi néerlandaise, contrairement à la loi britannique ou française, permet d'établir des traitements différentiels[2]. Enfin le fédéralisme, en fonction duquel la politique à l'égard des immigrés est appliquée par les autorités locales, favorise l'existence de « minorités ».

On mena donc une politique de respect des spécificités culturelles. Les immigrés, qu'ils fussent d'anciens colonisés ou des travailleurs provisoires sur le modèle allemand,

1. Cross-Entzinger, 1988, p. 16.
2. Cross-Entzinger, 1988, p. 18.

n'étaient présents, selon les Néerlandais, que pour un temps limité. Il importait de leur apporter toute l'aide sociale de l'État-providence en ce qui concerne le logement, la santé et l'ensemble des besoins sociaux, et d'agir pour qu'ils puissent conserver leur identité sociale et culturelle. La politique du logement, en particulier, a joué un rôle essentiel dans la politique d'intégration. Comme autrefois dans ses colonies, où il ne se préoccupait pas d'enseigner le néerlandais aux indigènes (ni même de s'assurer que les colons continuaient à le pratiquer), le gouvernement introduisit des cours de langue maternelle pour préparer les enfants des immigrés au retour dans leur pays « d'origine » et ne fit guère d'efforts pour imposer l'apprentissage de la langue nationale [1].

Les activités terroristes de jeunes Moluquois au milieu des années 1970 créèrent un choc. Les Néerlandais découvrirent à cette occasion que les immigrés étaient durablement installés dans leur pays et, en même temps, que des jeunes de la « seconde génération », destinés à vivre aux Pays-Bas, ne savaient pas assez bien le néerlandais pour trouver du travail. Ils prirent conscience que, malgré la tradition libérale constitutive de leur identité nationale, ils n'étaient pas plus que les autres Européens à l'abri de sentiments et de pratiques « racistes ». En 1981, on a décidé d'appliquer une nouvelle « politique d'intégration avec préservation d'une identité séparée », inspirée des avis du conseil scientifique chargé de conseiller le gouvernement sur les questions d'immigration. Conformément aux valeurs libérales et pluralistes du pays, le conseil fixait une double ambition à la politique : la fin des inégalités socio-économiques et l'égalité culturelle dans une société multiethnique ouverte. Également dignes d'être réalisées, ces

1. H. Entzinger, *in* Verbunt, 1984, p. 180.

deux ambitions sont-elles en fait compatibles ? On verra, dans le dernier chapitre, dans quelle mesure l'attitude « intégrationniste » sur le plan économico-social peut effectivement se combiner avec la reconnaissance des « identités séparées » et si le pluralisme traditionnel des Pays-Bas, fondé sur la reconnaissance mutuelle des groupes religieux, peut s'appliquer de la même manière quand il s'agit des populations d'origine moluquoise ou antillaise.

La politique du « pluriculturalisme », après que ces principes eurent été établis, a été dans les faits limitée. On a introduit des conseils consultatifs représentant les différents groupes nationaux auprès du gouvernement. Des efforts ont été faits pour faciliter l'intégration : employer plus d'immigrants dans les services publics, contraindre les patrons à faire publiquement état de leurs efforts pour engager des membres des catégories « faibles » sur le marché du travail (sur le modèle de l'*Employment Equity Act* du Canada). On a adopté quelques mesures spécifiques dans l'école et le travail social. Quelques écoles hindoues et musulmanes ont été créées, signe d'intégration dans un pays pluraliste. Des émissions spéciales de radio et de télévision ont été animées par des immigrés. Mais chaque fois qu'apparaissait une contradiction entre le principe de l'égalité et celui du pluralisme culturel, c'est en faveur du premier que le problème était tranché. Bien que la nécessité d'adapter la « majorité » et les « minorités » reste un principe fréquemment affirmé, il a été aussi décidé que « l'identité culturelle des immigrants ne peut être respectée que dans la mesure où elle ne freine pas leur participation à la société néerlandaise[1] ». Quant aux mesures sociales particulières en faveur des immigrés ou de leurs enfants, elles s'inscrivent à l'intérieur de la politique générale.

1. H. Entzinger, *in* Hammar, 1985, p. 88, *in* Verbunt, 1984, p. 184.

Contrairement à la Suède, où la participation électorale est élevée, le droit de vote accordé en 1985 aux immigrés pour les élections locales a eu peu d'effets concrets : les immigrés ne se sont guère rendus aux urnes. La législation antiraciste a été relativement efficace, moins par ses effets objectifs que par sa valeur symbolique. Toutes les formes de reconnaissance, même symboliques, ont, dans la démocratie, une efficacité qu'il ne s'agit pas de négliger. Pourtant, même si le style et les discours continuent à affirmer la valeur de la diversité culturelle et la nécessité de lui accorder toute sa place, les dispositions particulières sont restées limitées : depuis 1981, le gouvernement néerlandais mène une politique d'intégration.

Pour résumer brutalement, en Suède comme aux Pays-Bas, l'intégration des immigrés est le produit des activités de l'État-providence et de la reconnaissance de droits politiques, plus ou moins réels ou symboliques, favorisée par une tradition de pluralisme politique.

Allégeance à la Couronne et politique antiraciste en Grande-Bretagne

La politique d'immigration est marquée par l'histoire politique, qui a réuni les diverses nations des îles britanniques par une commune allégeance à la Couronne. Il est d'autant plus facile de reconnaître dans la vie sociale et culturelle les entités musulmane ou pakistanaise que les identités anglaise, irlandaise, écossaise ou galloise continuent à être vivantes. Les régiments nationaux existent toujours au sein de l'armée britannique. Le passé colonial — le plus grand nombre des immigrés est originaire de l'ancien empire colonial —, la situation économique et sociale déprimée par rapport au « continent », une relative faiblesse des interventions de l'État dans l'ordre de la protection sociale pèsent sur la politique britannique. Enfin, le modèle américain des relations raciales s'est imposé sur les représentations sociales. Les rapports entre la population d'origine britannique et ceux que, de manière significative, on nomme les *Blacks*, c'est-à-dire les anciens colonisés, originaires d'Asie, en particulier de l'Inde, d'Afrique ou des Antilles, sont perçus et vécus selon l'expérience des États-Unis. On pense en termes de « minorités ethniques », de « relations raciales » et de « racisme ». La politique britannique a consisté à limiter l'entrée des membres du Commonwealth, et en particulier du *new* Commonwealth (c'est-à-dire non blanc), tout en luttant contre le « racisme » et les discriminations. Pourtant la Grande-Bretagne refuse d'aller aussi loin que les États-Unis sur la voie de l'*affirmative action* et continue à proclamer le principe de l'égalité individuelle.

Les réformes successives du droit de la nationalité illustrent la redéfinition de la Grande-Bretagne en tant qu'État-nation et l'élaboration progressive d'une citoyenneté nationale. « La loi de 1962 soumit au contrôle de l'immigration les citoyens du Commonwealth et les sujets britanniques originaires des colonies, en distinguant les passeports délivrés par les pays indépendants du Commonwealth, tels l'Inde et le Pakistan, et les passeports britanniques délivrés *par* les autorités coloniales *pour* le gouvernement britannique d'une part et, d'autre part, les passeports britanniques délivrés directement *par* le gouvernement britannique soit au Royaume-Uni soit dans un pays indépendant. Ce système enleva d'emblée le droit aux ressortissants coloniaux d'entrer librement dans le pays dont ils avaient la nationalité ; il est à l'origine de la catégorie des *British dependent territories citizens* selon la loi de 1981. En 1968, à la suite de l'arrivée de Britanniques d'origine indienne d'Afrique-Orientale, munis de passeports directement délivrés par le gouvernement britannique dans les pays d'Afrique-Orientale (Kenya, Tanzanie, Ouganda), le système de contrôle fut modifié et porta directement sur l'origine ethnique et non plus sur l'origine des passeports. Les Britanniques nés au Royaume-Uni et y ayant un parent ou un grand-parent né sur le territoire en étaient exemptés. Les autres étaient soumis à un quota de mille cinq cents permis (chefs de familles) par an. Cette loi votée en moins d'une semaine, condamnée par la commission internationale des Juristes à Genève et par la commission européenne des Droits de l'homme par la suite, est à l'origine de la catégorie des *British overseas citizens* selon la loi de 1981 [1]. » Pratiquement les ressortissants du Commonwealth non blanc se voyaient interdire l'entrée sur le sol des îles britanniques. Selon la loi de 1981, venue codifier l'ensemble de ces dispositions, les *British dependent territories citizens* et les *British overseas citizens* ne disposent pas du droit d'accéder librement au Royaume-Uni. Seuls les *British citizens* ne sont pas soumis au contrôle de l'immigration et jouissent du droit d'accès et de résidence. Cette législation fut complétée par des mesures sur l'immigration en 1983 et 1985.

Parallèlement à la restriction du droit d'entrée sur le territoire britannique, on s'est efforcé d'interdire la discrimination dans l'espace public, devant l'emploi et le logement, et de donner aux immigrés l'égalité des chances *(equal opportunity)* avec la population nationale. L'action spécifique à l'égard des migrants a consisté en une législation antiraciste. Le premier *Race Relations Act* fut adopté en 1965. Il rendait illégal tout acte de discrimination

1. K. Cooper, cité par Schnapper, 1989 (a), p. 26.

dans les lieux publics — hôtels, restaurants, cinémas, transports — et toute expression, écrite ou verbale, de haine raciale. Un Race Relation Board (RRB), qui coordonnait l'action de sept comités de conciliation régionaux, était chargé de recevoir les plaintes et, éventuellement, de les transmettre à la justice. Quatre cas seulement le furent. Un bilan effectué en 1968 montra que la législation était insuffisante, en particulier en ce qui concernait le logement et l'emploi. Un second *Act* fut adopté en 1968, qui étendit la loi à ces deux domaines. Le Board pouvait désormais intervenir même si aucune plainte n'avait été déposée. Une Community Relations Commission (CRC), remplaçant le National Committee for Commonwealth Immigrants (dont le souvenir « colonial » était trop clair), était instituée, chargée d'améliorer les relations entre les communautés.

De fait, on constata en 1970 que les formes ouvertes de racisme, en particulier dans les annonces de recrutement ou les offres de logement, avaient disparu. Mais on montra aussi que les pratiques de discrimination « indirecte » — ou, selon d'autres auteurs, de « racisme institutionnel » ou « structurel » — n'avaient pas cessé et que la réglementation en vigueur ne permettait pas de les supprimer. Un nouveau *White Paper*, inspiré de la législation en faveur de l'égalité des femmes, fut publié en 1975. Le Race Relations Act de 1976 supprima la RRB et la CRC et les remplaça par la Commission for Racial Equality (CRE). Elle garda tous les droits des organismes précédents — en particulier en ce qui touchait à la « discrimination indirecte » —, mais les étendit dans le domaine de l'emploi. Alors que la première politique avait visé à assimiler les immigrés, il apparut alors qu'elle était insuffisante pour intégrer les « Noirs » à la vie collective. On évoqua alors l'« intégration pluraliste », selon laquelle les *Blacks* devaient participer à la vie commune comme membres de groupes ethniques distincts. Certains éléments de leur culture pouvaient être conservés et enrichir la vie nationale, tandis que d'autres, dangereux pour l'ordre public, devaient être abandonnés. La Grande-Bretagne a été ainsi le premier État européen à emprunter des éléments de la politique de l'*affirmative action*, appliquée aux États-Unis, en s'efforçant de faire appliquer l'idée de chances égales devant l'emploi *(equal opportunity)*. La CRE dispose du droit d'investigation et peut réclamer des comptes aux institutions ou aux entreprises suspectées de pratiquer une discrimination indirecte. Entre 1977 et 1983, vingt-quatre enquêtes furent diligentées. Les pouvoirs de la CRE furent encore augmentés en 1983. Mais les sociologues s'interrogent sur l'effet de cette législation : n'est-elle pas restée essentiellement réactive et symbolique ? Jusqu'à quel point la législation nationale peut-elle influencer directement les pratiques quotidiennes de la vie sociale ?

La Grande-Bretagne n'a pourtant pas suivi les formes extrêmes des pratiques américaines. Ainsi la politique urbaine n'a pas défini son action en fonction de groupes de populations particulières, mais de zones *(urban areas)*. Les programmes sociaux s'efforcent d'être universalistes et de porter non sur les seuls *Blacks*, mais sur l'ensemble des populations défavorisées. Le parti travailliste a écarté la proposition de constituer en son sein une *Black section*. La politique scolaire, en particulier le *National Educational Priority Act* de 1965, s'adresse à tous les enfants susceptibles de connaître l'échec scolaire. Mais le rapport Swann a montré que les enfants des immigrés devaient affronter les mêmes handicaps que les enfants britanniques des milieux sociaux défavorisés, auxquels s'ajoutaient les pratiques involontairement « racistes » des enseignants et les références des programmes et des manuels scolaires[1]. Des mesures spéciales ont été prises pour remédier à cet état de choses et redonner aux enfants d'origine étrangère le sens de la dignité de leur culture. Elles furent très variées, le système d'enseignement britannique étant confié aux autorités locales. Dans certaines villes, comme à Birmingham, les autorités locales ont négocié avec les organisations musulmanes le contenu des programmes scolaires, la dispense des filles de fréquenter la piscine, les cours de gymnastique, de biologie ou d'expression artistique, le respect de la viande *hallal* au réfectoire, la réinterprétation de l'uniforme en fonction des normes de la « décence » musulmane. On s'efforce de faire sa place à l'interculturel dans les programmes scolaires et les pratiques de la vie à l'école. A la suite des émeutes de 1981 et de 1985, et des actes « racistes » recensés par les autorités, de nombreux projets « ethniques », d'ordre social ou culturel, ont vu le jour.

La Grande-Bretagne concentre ses efforts sur la législation antidiscriminatoire. Les souvenirs coloniaux, l'influence de la réalité et de la réflexion américaines y contribuent, ainsi que la situation économique qui multiplie le nombre des chômeurs, la faiblesse relative de la protection sociale, une tradition fondée plus sur le partage des mêmes valeurs et la conviction de la supériorité britannique que sur des institutions nationales chargées d'intégrer des populations diverses.

La France ou le refus des particularismes

Proche des Pays-Bas par le mélange, dans la population immigrée, d'anciens « coloniaux » et de travailleurs

1. Swann, 1985.

entrés pour raisons d'abord économiques, comparable à la Suède et aux Pays-Bas par le haut niveau des transferts sociaux, la France en diffère par la plus grande variété des origines des migrants et, surtout, par sa tradition politique unitaire et son refus de reconnaître les particularismes culturels dans l'ordre public et politique, et par la séparation proclamée de l'Église et de l'État.

Plus que tous les autres pays européens, y compris la Grande-Bretagne, la France est une nation unitaire, fondée sur la citoyenneté individuelle, où l'on parle successivement d'« étrangers » ou d'« immigrés » selon la durée de leur séjour, avant qu'ils ne deviennent, par l'effet de l'acquisition de la nationalité, des « citoyens ». Comme l'a dit avec sagesse un humoriste : « Communauté, ça ne veut rien dire [...]. Communauté ? Je crois que c'est une commodité de langage journalistique[1]. » Le refus des « communautés », le principe de la citoyenneté individuelle, inscrit dans la tradition politique, conduisent les gouvernements à donner la préférence aux institutions et aux mesures générales et à refuser en principe d'adopter des mesures discriminatoires, même positives. La politique de citoyenneté actuelle prolonge l'histoire. La nation française est l'héritière de la centralisation politique et culturelle menée pendant des siècles par la monarchie et renforcée par la légitimité révolutionnaire et la tradition jacobine. Elle impose que l'unité politique se confonde avec l'unité nationale et limite le droit à la reconnaissance politique des corps intermédiaires ou des « communautés » dans le style américain. La France est l'État-nation par excellence, et, par conséquent, la nation de l'intégration individuelle.

Le déficit démographique, au cours du XIXe siècle, a fait

1. Guy Bedos, *Libération*, 4 février 1991.

de la France un pays d'immigration massive un siècle avant les autres pays européens. Elle bénéficie aujourd'hui de cette expérience, en particulier en ce qui concerne le système d'enseignement et le droit de la nationalité. Le système scolaire centralisé et autoritaire a acculturé et intégré, pendant plus d'un siècle, tous les enfants, y compris ceux dont les parents avaient récemment immigré en France. De ce point de vue il reste efficace, comme le montre l'acculturation des enfants nés de parents immigrés et scolarisés en France. Le droit de la nationalité, d'autre part, a constitué — et reste aujourd'hui — un des moyens d'encourager et de consacrer le processus d'intégration des immigrés et de leurs enfants.

La faiblesse démographique posait un problème d'autant plus aigu que la nation se caractérisait par un projet politique à prétention universelle. C'est pourquoi l'idéologie coloniale prétendait « assimiler », selon le terme de l'époque, les populations colonisées, comme les immigrés ou les habitants des provinces les plus reculées, à la civilisation française, donc universelle. On sait que les pratiques ne furent conformes à l'idéologie que lorsque le projet colonial avait déjà échoué. Les Algériens n'obtinrent la pleine citoyenneté française qu'en 1958.

On a déjà souligné plus haut les contradictions d'une politique qui, pour certains, était justifiée par l'ambition de peupler un pays où la fécondité était faible et, pour les autres, par la nécessité immédiate d'obtenir une main-d'œuvre docile et provisoire. Ce qu'il importe de rappeler ici, c'est que la politique de main-d'œuvre s'étant révélée impossible, la politique française est inévitablement devenue une politique d'intégration individuelle, qui prolonge directement celle qui fut menée depuis le milieu du XIXe siècle autour des valeurs de la République unie, indivisible et laïque. Ce modèle, même s'il est ébranlé par les modes d'intégration spécifiques des sociétés modernes, continue à assurer la socialisation des enfants d'immigrés [1].

On peut reprendre les différentes dimensions du type idéal de l'intégration individuelle. Le droit au regroupement familial est, depuis 1985, autorisé à la condition que l'immigré dispose de ressources stables suffisantes pour subvenir aux besoins de sa famille. Cette condition est théoriquement peu exigeante, étant donné la longueur du séjour de la majorité des immigrés. Mais elle est parfois difficile à remplir à cause de la crise du logement. Malgré l'affirmation de l'égalité des candidats devant le logement social, indépendamment de leur nationalité ou de leur origine, les municipalités se sont efforcées d'empêcher la constitution de ghettos. On a introduit des quotas de fait, en contradiction avec le principe de l'égalité individuelle. Les processus de rénovation et de réhabilitation de l'habitat ancien ont été utilisés par les élus locaux pour limiter la population étrangère dans leur commune : non-respect des modalités d'utilisation du « 1 pour 100 patronal », refus de permis pour construire des foyers destinés aux travailleurs isolés, utilisation du droit de préemption par les mairies sur des terrains ou des immeubles destinés aux étrangers, etc. [2]. Quel que soit le jugement moral qu'on peut porter sur ces pratiques, elles ont abouti à disperser les populations étrangères. Malgré le regroupement de celles-ci dans certaines régions, aucune d'entre elles ne monopolise un quartier de l'espace urbain [3].

Alors qu'en Suède et aux Pays-Bas l'action sociale est l'instrument essentiel pour intégrer les étrangers, c'est

1. Schnapper, 1991, pp. 209 *sqq.*
2. N. Robatel, *in* ORSTOM, 1987, pp. 538-542.
3. Voir le numéro de juin 1991 d'*Économie et Statistique*.

l'école qui joue ce rôle en France. L'effet de la scolarisation sur les enfants des immigrés a été d'autant plus efficace que l'école maternelle est également et intensément fréquentée par les enfants de toutes origines sociales et nationales dès l'âge de trois ans. Les étrangers adoptent à l'école les mêmes comportements et obtiennent les mêmes résultats que les enfants français appartenant aux mêmes milieux sociaux. Si l'on compare les résultats scolaires de l'ensemble des enfants étrangers à ceux de l'ensemble des Français, les premiers connaissent un échec scolaire supérieur, quel que soit l'indicateur retenu. Mais cette relation ne fait que traduire l'inégale appartenance des enfants étrangers et français aux catégories défavorisées. Lorsque la comparaison porte sur les mêmes catégories sociales, le lien entre la nationalité et les résultats scolaires disparaît ou même se renverse légèrement, quand il s'agit des enfants étrangers scolarisés en France depuis l'école maternelle.

Les mesures particulières sont restées limitées : quelques classes de mise à niveau linguistique; stages et enseignement spécial pour les maîtres dans le cadre des CEFISEM; introduction de l'enseignement des langues et cultures d'origine (ELCO) à partir de 1973. Cette disposition fut établie pour l'arabe, le portugais, l'espagnol, l'italien, le turc et le serbo-croate à un moment où le gouvernement souhaitait le départ de nombreux immigrés et où l'idéologie de l'enseignement interculturel dominait les milieux pédagogiques. Elle diffère dans son principe de l'enseignement normal des langues étrangères organisé dans le cadre de l'emploi du temps général, singularise les enfants étrangers et introduit des maîtres étrangers dans l'école. Mais cet enseignement est resté marginal : à peine 20 pour 100 des enfants susceptibles d'être concernés en ont bénéficié. Les parents et les enfants étrangers, à l'exception des Espagnols, dont la langue est largement enseignée indépendamment de la présence d'immigrés, ont été plus soucieux que leurs défenseurs d'éviter les risques de la stigmatisation liés à tout traitement particulariste dans une institution fondée sur l'égalité « formelle » des élèves [1]. Au collège, le choix des langues d'immigration est exceptionnel, l'anglais et l'allemand monopolisant 98 pour 100 des choix de première langue [2].

Parce que la politique vise à l'intégration des individus, elle ne peut être que « *colour-blind* » : les mesures particulières sont jugées discriminatoires. Depuis 1983, les jeunes étrangers ou d'origine étrangère n'ont plus de lieu de formation particulier. Le rapport Berque, en 1985, affirmait que « l'ouverture culturelle [...] doit devenir une dimension normale de la vie du collège comme de l'école primaire [3] ». Il s'agissait d'enrichir la culture générale française par l'apport d'autres cultures et de ne pas isoler les « enseignements interculturels » de l'enseignement général. Malgré les demandes de certains groupes de pression, directement intéressés à toutes les formes d'« interculturalisme », le gouvernement avait refusé jusqu'en mai 1991 la création d'un ministère de l'Intégration, dont l'existence même consacrait une rupture avec la politique traditionnelle. Le Haut Conseil à l'intégration a été créé en 1989 pour « coordonner » l'ensemble des mesures prises par les divers ministères et les nombreux comités interministériels, déjà chargés, à leur niveau, de « coordonner » les dispositions destinées à favoriser l'« intégration » des populations issues de l'immigration. Il reste fidèle à la conception politique et individualiste de la nation en affirmant, dans son premier rapport publié en 1991, que « la conception fran-

1. Boulot-Fradet, 1988.
2. D. Boyzon-Fradet et S. Boulot, *in* Taguieff, 1991, 2, p. 249.
3. Berque, 1986.

çaise de l'intégration doit obéir à une logique d'égalité et non à une logique de minorités ».

Au cours des années 1970, des militants de gauche et de l'antiracisme et beaucoup de sociologues non moins militants ont défendu un nouveau pluralisme culturel et appelé de leurs vœux la reconnaissance d'une « France plurielle ». Divers courants de pensée se sont en effet retrouvés pour aboutir à une critique radicale de l'intégration « à la française ». Les marxistes, en considérant la nation comme une simple fiction juridique dont la fonction était d'occulter les vraies identités et les vrais conflits issus de la lutte des classes, avaient dévalorisé l'idée nationale. Les tenants du relativisme culturel absolu, de leur côté, rejoignaient les défenseurs du tiers monde dans la critique de l'impérialisme culturel de l'Occident. C'était là une rupture avec ce qui avait été la politique « républicaine », partie intégrante de la tradition de gauche. Malgré leurs efforts, la politique « multiculturelle » est restée essentiellement symbolique. Contrairement aux autres pays européens, on continue à refuser le terme de « minorités ethniques ».

L'intervention sociale est le seul domaine dans lequel la spécificité des immigrés a été effectivement reconnue. L'État a contribué massivement au financement des logements, en particulier en ce qui concerne les foyers pour les travailleurs isolés. Le Fonds d'action sociale (FAS) est à cet égard l'instance la plus ancienne et la plus puissante par ses ressources. Établissement public placé sous la tutelle de la Direction de la population et des migrations du ministère des Affaires sociales, il dispose, en 1990, d'un budget de 1,3 milliard de francs : 500 millions furent consacrés au logement des immigrés et le reste à des associations consacrées à la formation et à l'action « culturelle et sociale ». Mais toute politique particulariste comporte ses effets pervers. Alors que les foyers devaient être provisoires, certains immigrés y sont installés depuis de longues années dans des conditions peu favorables à leur intégration. La modification de la population immigrée les rend inadaptés aux besoins : ce sont les logements pour les familles qui sont désormais nécessaires [1].

Mais si la France parle davantage d'intégration, sa politique n'est pas très éloignée de celle des autres pays. Comme dans toute l'Europe, la politique d'intégration s'accompagne d'un effort pour faciliter le retour des immigrés qui cherchent à rentrer dans leur pays d'origine. Dans le cadre du programme français d'aide à la réinsertion des immigrés rentrant dans leur pays d'origine, trois mille cinq cents conventions ont été signées entre 1984 et 1988, entraînant le départ de près de soixante-neuf mille personnes, dont trente mille travailleurs [2].

On intègre en France les immigrés par l'intermédiaire des droits sociaux, généraux et compensatoires, et par leur participation progressive et surtout celle de leurs enfants à la vie politique grâce à l'« ouverture » du droit de la nationalité, qui transforme l'immigré en citoyen. On comprend alors l'efficacité et la valeur symbolique de l'article 44, en vertu duquel l'enfant d'étranger né en France acquiert de manière quasi automatique la nationalité française à sa majorité. La France a sans doute été, on l'a dit, la plus politique des nations européennes. C'est pourquoi, plus que dans d'autres pays, l'évolution des sociétés démocratiques modernes risque d'affaiblir l'intégration nationale. L'État protecteur, par son développement, est susceptible d'y étouffer les initiatives individuelles sous l'excès bureaucratique et surtout de transformer une part toujours accrue de la population en producteurs-consommateurs plutôt

1. Haut Conseil à l'intégration, 1991.
2. OCDE, 1990, p. 38.

qu'en citoyens. La citoyenneté risque de se réduire à la dimension économique et sociale. Or, en France, c'est la citoyenneté qui définit la participation à la vie collective. L'idée d'une citoyenneté européenne, fondée sur les droits de l'homme et qui donnerait les droits politiques sur le lieu de la résidence[1], risque plus qu'ailleurs d'y remettre en question l'intégration sociale.

Dans tous les pays européens, la politique d'immigration s'inscrit à l'intérieur de la politique générale, et en particulier de la politique sociale. Dans certains pays, les immigrés sont traités en « minorités » auxquelles sont garantis des droits particuliers dans l'ordre culturel ou même politique. Dans d'autres, ceux d'entre eux qui connaissent des conditions de pauvreté deviennent les bénéficiaires de l'intervention sociale, selon la logique des cas sociaux « ordinaires ». Ils ont été plus ou moins favorisés — ou exploités — selon que les conditions économiques et sociales étaient plus ou moins brillantes et les transferts liés à la protection sociale plus ou moins généreux. Certes, tous les immigrants ne restent pas dans le pays d'accueil. Même au XIXe siècle, où les voyages outre-Atlantique étaient longs, difficiles et coûteux, un grand nombre d'immigrants sont revenus sur les navires qui repartaient en Europe. *A fortiori*, nombre d'immigrés des années 1960-1970 ont regagné leur pays ou pratiquent une noria, provisoire ou définitive, entre deux ou même plusieurs pays. Malgré tout, dans les nations démocratiques, les gouvernants des pays hôtes ont mené et n'ont pu que mener, volontairement ou involontairement, que cela soit affirmé ou non, une politique d'intégration.

Si l'on veut échapper à cette évolution, il faut suivre

1. Costa-Lascoux, 1990, p. 152.

l'exemple des Japonais, qui se refusaient à importer des hommes. Ils ont installé des unités de production dans les pays voisins où l'offre de main-d'œuvre était abondante et bon marché : Corée, Thaïlande, Malaysia. Ces investissements ont d'ailleurs eu un effet multiplicateur sur la croissance économique et la diversification des activités des pays d'accueil[1].

L'exportation des investissements vers la main-d'œuvre — alors que les Européens ont fait l'inverse — est la seule politique qui ne conduit pas, à terme, à une immigration de peuplement et à la nécessité d'intégrer les immigrés en même temps que l'ensemble de la population nationale.

1. Abadan Unat, *in* OCDE, 1987 (a), p. 7.

CHAPITRE IV

LE SENS DES POLITIQUES D'IMMIGRATION

Toute politique comporte des contraintes : entre le respect des droits de l'homme et des valeurs collectives, les exigences contradictoires d'une opinion publique divisée et passionnée, les relations avec les pays d'origine et les obligations nées de la construction européenne, les responsables ne disposent que d'une marge de jeu limitée. Parce qu'elles sont inévitablement des politiques d'intégration, les politiques publiques — y compris les droits de la nationalité — tendent aujourd'hui à converger, malgré les différences nationales. Mais cette convergence ne signifie pas pour autant qu'elles aboutiront à une situation identique[1].

LA DYNAMIQUE MIGRATOIRE OU LES LIMITES DE LA POLITIQUE

En ce qui concerne les flux migratoires, l'intervention étatique peut s'efforcer de les limiter, de les encourager ou de les orienter, mais ils ont leur dynamique propre liée à des facteurs démographiques, économiques et politiques. Des pays riches dont la population est vieillissante ne man-

1. M. Miller, *in* Abou-Saada, 1990, p. 56.

quent pas d'attirer les éléments les plus ambitieux des pays voisins, plus pauvres et surpeuplés, avec lesquels ils ont souvent des relations établies depuis des décennies. Les liens historiques entre les anciennes métropoles et les ex-colonies en particulier continuent à orienter les décisions d'émigration. Les besoins en main-d'œuvre ne sont pas seuls en cause. Entre les pays du Maghreb et la France, les échanges continus de populations entretiennent des relations étroites, malgré l'effort d'arabisation en Algérie et les épisodes d'opposition politique violente, dont la guerre du Golfe est l'exemple le plus récent. La vie démocratique, dont les pratiques sont diffusées par la télévision, ajoute un attrait supplémentaire. Pendant les années 1960-1974, les migrants espagnols, portugais et maghrébins vers la France voulaient améliorer leur sort matériel, mais aussi accéder à une forme de modernité. Les événements de l'Europe de l'Est, depuis 1989, en libérant les peuples, peuvent donner naissance dans les années qui viennent à des courants nouveaux de migration.

Le contrôle des flux migratoires est difficile, sinon impossible dans les nations démocratiques. Quand le gouvernement interdit l'immigration, le nombre des bénéficiaires du « regroupement familial », des demandeurs d'asile et des candidats aux certificats d'hébergement ou aux soins de la Sécurité sociale augmente, ainsi probablement que l'immigration clandestine. Les mouvements de populations deviennent plus variés et plus ambigus.

Les vicissitudes récentes du droit d'asile illustrent les limites de toute politique de contrôle des flux. Le nombre des demandeurs d'asile a augmenté massivement dans les pays européens à partir du milieu des années 1970, au moment où les gouvernements ont « arrêté » l'immigration dite économique. Le statut juridique des exilés et des autres migrants n'est pas le même, les réfugiés politiques bénéficiant en principe d'un régime plus favorable. Mais la distinction est aujourd'hui de plus en plus ténue. L'expérience vécue est souvent ambiguë, nombre de migrations constituant une expérience intermédiaire dans laquelle se mêlent des motivations variées : les pays de l'Occident libéral sont à la fois plus riches et plus démocratiques que les pays du tiers monde. L'Europe de la Communauté est aussi le lieu de la modernité et de la liberté politique. Plus le sens de l'exil est ambigu, plus il devient difficile pour le candidat de faire la preuve que la persécution politique, qui seule justifie le statut de réfugié, est à l'origine du départ. Les responsables, de leur côté, jugent que de nombreux demandeurs d'asile souhaitent avant tout améliorer leur sort matériel. Lorsque des demandeurs d'asile voyaient traiter leur dossier après deux ans de présence en France, où ils avaient trouvé un emploi et scolarisé leur enfant, bien des magistrats jugeaient impossible de les renvoyer [1]. Aujourd'hui, avec l'accélération de la procédure, 90 pour 100 des demandes sont refusées, la preuve de la persécution n'étant pas présentée, mais moins de la moitié (moins de 40 pour 100 selon certains) des expulsions sont effectivement imposées par la force publique aux « déboutés ». Le défilé dans les rues de Paris de clandestins réclamant d'être « régularisés » montre combien il est difficile, pour une démocratie qui se réclame des droits de l'homme, de faire respecter sa souveraineté à l'égard des demandeurs d'asile — ce qui n'empêche pas, en même temps, l'application de la loi d'être, dans bien des cas, inhumaine.

La politique n'est pas plus efficace pour ce qui touche à *l'acculturation* des populations immigrées. Tout oppo-

1. Noiriel, 1991, p. 240.

sait apparemment la politique de la Grande-Bretagne, destinée à des immigrés « noirs » originaires des pays anciennement colonisés, possédant à leur arrivée la nationalité britannique, à la politique des *Gastarbeiter* entrés en RFA pour occuper de manière provisoire des postes de travail bien définis. Dans les deux cas, pourtant, les sociologues constatent l'acculturation des populations et la constitution de « minorités ethniques » occupant une position socioculturelle inférieure. L'installation des populations immigrées dans les divers pays européens a eu des conséquences sociales proches. On peut toutefois noter que la politique suivie par la France et, plus encore, la tradition de l'intégration nationale ont pour l'instant empêché la formation de « minorités ethniques ».

Quelles que soient les politiques adoptées, les immigrés connaissent un processus d'acculturation à la société d'installation tout en conservant le noyau dur de leur culture d'origine. A partir des nouveaux comportements économiques, de l'activité professionnelle aux modes de consommation, toutes les relations à l'intérieur du groupe familial sont remises en question. Mais le « noyau dur » de la culture — qui comprend la morale entretenue depuis l'enfance par la relation entre la mère, le père et l'enfant et les normes de respect qui doivent régler les rapports entre les sexes et les générations — se maintient. La remise en cause de la morale et des rôles familiaux, à travers lesquels s'exprime toute la perception du monde, suscite des conflits entre des parents passionnément désireux de transmettre le « noyau dur » de leur culture et leurs enfants qui, élevés dans un pays européen, ne comprennent plus le sens des valeurs traditionnelles. Si les spécificités culturelles des immigrés sont inégalement reconnues dans l'espace public et politique, les processus d'acculturation des différentes populations sont proches[1]. Au bout d'une génération, toutes les populations participent à la société dans laquelle elles sont installées. Dans le Koweït d'avant la guerre du Golfe, où l'on appliquait de la manière la plus rigoureuse la politique de contrats de travail, les étrangers commençaient à connaître un processus de sédentarisation.

Tous les pays européens se sont trouvés devant des populations stabilisées et partiellement acculturées. La crise économique a conduit les gouvernants à tenter de limiter les flux d'immigration et à favoriser la participation des populations déjà installées. Les tenants de la politique des *Gastarbeiter* n'ont pu que constater que l'immigration de travail avait donné naissance, sans que personne l'ait clairement voulu ou même pensé, à une immigration de peuplement : il n'y avait plus, dès lors, d'alternative à la *politique d'intégration*. Les Anglais, qui avaient commencé par adopter une politique implicite d'« assimilation » des immigrés, ont répondu aux revendications identitaires en prenant des mesures en faveur du « multiculturalisme ». Les Néerlandais, au contraire, après une politique fondée sur le respect des identités particulières, mènent désormais une « politique d'intégration avec la préservation d'une identité séparée[2] ».

Les valeurs collectives varient et, en conséquence, les noms donnés à cette politique. On est passé au cours des années 1970 d'une politique dite d'« assimilation », unanimement condamnée par les politiques et les sociologues au nom du respect des identités particulières, à une politique d'« insertion » ou d'« intégration » par laquelle on prétendait mieux respecter les identités collectives des

1. Ces analyses sont développées *in* Schnapper, 1991, pp. 145 *sqq.*
2. Cross-Entzinger, 1988, p. 17.

immigrés. L'idéologie changeait, dans la mesure où le respect de l'« authenticité » est une valeur centrale des sociétés modernes. Il ne faut pas sous-estimer le rôle des valeurs dans les réalités les plus objectives. Mais si l'on condamnait la politique d'« assimilation », jugée coupable de dissoudre l'identité de l'autre et de perpétuer la domination occidentale, la politique menée ne changeait que par son nom et les valeurs qu'il traduisait : en adoptant la politique d'« intégration » et non d'« assimilation », il s'agissait toujours de faire participer les immigrés à la société dans laquelle ils étaient installés.

Parce qu'il y a une seule politique possible, les partis, malgré une idéologie différente et en dépit d'affirmations contraires, finissent par s'y rallier. Pour prendre l'exemple britannique, les premières restrictions à l'entrée des membres du Commonwealth en Grande-Bretagne ont été adoptées par un gouvernement conservateur en 1962, malgré l'opposition du parti travailliste. Quand ce dernier parvint au pouvoir deux ans plus tard, il continua à appliquer ces mesures, puis les aggrava à son tour l'année suivante. En 1968, ce furent les travaillistes qui élaborèrent les mesures destinées à limiter l'accès des membres du Commonwealth non blanc[1]. Les travaillistes crièrent au racisme lorsque fut adoptée la loi de 1971, mais quand ils furent au pouvoir en 1974 ils ne firent rien pour la modifier. Dans un style différent, les deux partis ont mené la seule politique qui fût probablement possible, étant donné les conditions économiques et l'état de l'opinion publique. On peut — à juste titre — s'indigner de son caractère « raciste » : il s'agissait clairement de limiter le nombre des « colorés ». Mais ce qu'il importe de noter ici, c'est que les deux partis se retrouvèrent d'accord, sans le dire, pour définir et

1. T. Hammar, *in* Hammar, 1985, p. 286.

appliquer la même politique — et pour écarter le problème du débat partisan. Même si ce sont les travaillistes qui firent adopter les mesures antidiscriminatoires — mais elles furent votées au Parlement de manière quasi unanime —, « les gouvernements travaillistes furent aussi actifs que les gouvernements conservateurs pour imposer un contrôle raciste de l'immigration[1] ».

En France, on a connu deux phases extrêmes qui s'éloignaient de la seule politique qui fût possible : la première, menée par un gouvernement de droite entre mars 1977 et janvier 1981, a cherché à imposer des retours forcés ; la seconde, menée par un gouvernement de gauche entre mai 1981 et mars 1983, a adopté une politique de « laissez-faire ». Mais dans les deux cas, ces mesures ne purent être que provisoires.

La politique socialiste entre 1981 et 1983 est à cet égard la plus instructive. Décidés à rompre avec la politique du gouvernement précédent, les responsables socialistes, à leur arrivée au pouvoir en 1981, ont décidé d'une série de mesures favorables aux immigrés. Dès le 26 mai, les arrêtés d'expulsion pris par le précédent ministre de l'Intérieur furent suspendus. Puis fut lancée l'opération de régularisation des clandestins. Des dispositions plus ou moins symboliques s'efforçaient de changer le « climat ». Or, la manière dont l'administration applique la législation dépend souvent de ce « climat », bien des fonctionnaires interprétant ou anticipant l'attitude du gouvernement telle qu'ils se la représentent. Trois lois, d'autre part, destinées à améliorer la condition des immigrés, ont été ensuite adoptées : celle du 9 octobre 1981 en faveur des associations étrangères, désormais soumises au droit commun de la

1. R. Miles, *in* MacDowell *et al.*, 1989, p. 107.

loi de 1901 ; celle du 17 octobre 1981 pour dissuader les employeurs de faire appel au travail immigré clandestin ; celle enfin du 29 octobre 1981 concernant l'entrée et le droit au séjour.

Mais ces deux dernières lois n'ont pas défini une politique véritablement différente de celle du septennat giscardien. La loi du 29 octobre en particulier « reprend et même renforce les dispositions de la loi Bonnet du 10 janvier 1980 en ce qui concerne l'obligation de l'étranger de fournir, en plus des documents et visas exigés par les conventions internationales, les garanties de rapatriement et les documents nécessaires à l'exercice d'une activité professionnelle s'il se propose d'en exercer une. La loi ajoute qu'il devra également fournir des documents relatifs à l'objet et aux conditions de son séjour [1] ». Ces mesures furent d'ailleurs renforcées en 1984. De même, les socialistes sont revenus à la politique d'aide au retour, qui avait constitué un des axes prioritaires de la politique de Lionel Stoleru entre mars 1977 et mars 1978, puis de janvier 1980 à mai 1981. Une politique qualifiée d'« aide à la réinsertion » fut rétablie lors du conseil des ministres du 31 août 1983 et appliquée à partir de 1984 : prise en charge des frais de voyage, allocation forfaitaire de déménagement, participation au projet individuel de réinsertion économique, aide de l'assurance chômage correspondant aux deux tiers des allocations chômage restant à courir ; mesures spécifiques prévues par le dernier employeur [2]. On retrouvait la première politique du gouvernement Barre, celle du retour volontaire. Mais les socialistes ne revinrent pas pour autant à la politique de retours organisés et forcés qui avait été mise en place entre mars 1978 et janvier 1980.

1. Wihtol de Wenden, 1988, p. 282.
2. Wihtol de Wenden, 1988, p. 299.

La violence du combat politique entre 1977 et 1986 avait cristallisé l'opposition entre la droite et la gauche. Mais on a assisté ensuite à la convergence des partis politiques, à l'exception du Front national. La droite, revenue au pouvoir en 1986, n'a pas touché à la carte unique de séjour qui avait été votée en 1984. Elle a renoncé aux projets de retours forcés, contraires aux droits de l'homme, et la gauche à une politique d'entrée non contrôlée sur le territoire national, qui menacerait le processus d'intégration des populations déjà installées. La loi Joxe du 2 août 1989 maintient un strict contrôle sur les flux en se contentant d'accorder un jour franc à l'étranger qui fait l'objet d'un refus d'entrée avant que la décision de rapatriement ne soit appliquée. En matière de droit au séjour, quelques dispositions plus libérales ont été introduites pour accorder plus largement la carte de résident, élargir la liste des non-expulsables, introduire un contrôle devant la juridiction administrative lorsqu'une décision de reconduite à la frontière a été prise à l'encontre d'un étranger. Mais, dans l'ensemble, elle prolonge directement la loi Pasqua en se contentant de la corriger sur quelques points : « Les divergences pratiques se révèlent minimes et ne portent que sur des catégories d'immigrés très limitées numériquement [1]. » Il reste quelques nuances entre la politique menée par la gauche au gouvernement et celle qui fut prônée par l'opposition lors des états généraux de Villepinte, concernant en particulier certains droits sociaux. Mais ces différences sont marginales. Les responsables, quelle que soit leur orientation politique, se sont finalement ralliés, selon des modalités et dans des styles différents, à la politique de tous les gouvernements européens : contrôler les flux migratoires en arrêtant l'entrée aux frontières et en

1. Weil, 1991, p. 197.

luttant contre l'immigration clandestine, prendre des mesures en faveur de l'intégration des populations en situation régulière.

Patrick Weil le démontre en distinguant la politique à l'égard des étrangers en situation irrégulière qui souhaitent devenir réguliers (A), la politique à l'égard des étrangers en situation régulière dans leurs rapports avec l'État français (B), et la politique à l'égard des flux de retour des étrangers en situation régulière (C). Les gouvernements se sont ralliés à la politique qu'il appelle A3 (c'est-à-dire lutter contre l'immigration clandestine), B1 ou B2 (c'est-à-dire intégrer ceux qui sont désormais installés de manière permanente, en augmentant ou, en tout cas, en maintenant leurs droits et leurs ressources), C2 (c'est-à-dire encourager le « retour » volontaire ou la « réinsertion » dans les pays d'origine de ceux qui le souhaitent) [1].

Jusque dans les années 1980, cette politique se trouvait d'ailleurs en accord global avec l'opinion majoritaire de la population, aussi bien en France [2] qu'en Grande-Bretagne. L'opinion anglaise suivait en majorité le gouvernement, qui à partir de 1962 avait souhaité réduire l'immigration originaire du Commonwealth, mais refusait que des mesures d'expulsion soient prises [3].

Mais, depuis 1985, l'opinion française évolue dans un sens différent. Les Français sont désormais moins nombreux à penser que « la plupart des immigrés qui vivent en France pourront être intégrés en France » (50 pour 100 étaient d'accord avec cette opinion en 1985 et 42 pour 100 en 1990). Ils sont aussi plus nombreux à souhaiter le départ

1. P. Weil, *in* Taguieff, 1991, 2, pp. 135-144, et Weil, 1991, pp. 198 *sqq.*
2. Schnapper, 1986.
3. Freeman, 1975, p. 277.

des immigrés plutôt que leur intégration : 42 pour 100 déclarent souhaiter qu'« on favorise en priorité l'intégration dans notre société des immigrés qui vivent actuellement en France » et 46 pour 100 qu'on « favorise le départ d'un grand nombre d'immigrés qui vivent actuellement en France »[1]. Même s'il ne faut pas surévaluer le sens des sondages d'opinion sur des sujets aussi sensibles, ce nouveau décalage entre la politique et l'état de l'opinion risque d'« ethniciser » les rivalités sociales et les débats publics. C'est sans doute ce qui a conduit les hommes politiques, en 1991, à rivaliser d'ardeur pour formuler les exigences d'une politique d'immigration rigoureuse et introduire dans la mêlée des mots chargés de sens et de passion : « seuil de tolérance » (Mitterrand), « charters » (Cresson), « odeurs » (Chirac), « invasion » (Giscard d'Estaing), « occupation » (Michel Poniatowski).

Les passions que suscite l'immigration imposent de distinguer les idéologies des pratiques sociales. Les principes et les justifications peuvent être formulés différemment selon l'histoire et les valeurs nationales, selon les idéologies partisanes ou simplement l'« air du temps », sans que la politique suivie soit pour autant différente. Le vocabulaire social et sociologique de l'immigration a changé. Dans tous les pays européens, le terme d'« assimilation » est devenu tabou. En 1966, on a défini en Grande-Bretagne l'intégration non comme un processus d'assimilation « aplatissant » *(flattening)* « mais comme l'égalité des chances *(equal opportunity)* accompagnée de la diversité culturelle dans une atmosphère de tolérance mutuelle[2] ». On a vu que le rapport de la CDU en 1977 se défendait égale-

1. Jaffré-Duhamel, 1991, pp. 122 et 125.
2. Freeman, 1975, p. 57.

ment de mener une politique d'assimilation. Il est vrai que reconnaître la valeur de la culture des immigrés est une donnée symbolique qui n'est pas sans conséquences. Mais cela ne supprime pas leurs difficultés à participer à la vie d'une société qui leur est étrangère, ni les attitudes et les comportements hostiles aux nouveaux venus, même lorsque ces derniers disposent de la nationalité française ou britannique.

Quel que soit le vocabulaire, il s'agit de faire participer à la vie collective les immigrés qui sont installés et ont le droit de rester — donc de contrôler l'entrée éventuelle de nouveaux immigrés, sans que se manifestent contre eux de manière violente les sentiments d'hostilité collective latents de la population.

CONVERGENCE ET DIVERSITÉS

Les politiques d'immigration convergent aussi parce qu'elles sont étroitement dépendantes, comme on l'a montré dans le premier chapitre, de l'ensemble des dimensions de la vie collective, des exigences de la modernité et de son système de valeurs.

Les droits de l'homme, le marché et la protection sociale

Dans toute l'Europe occidentale, le droit, l'économie, la protection sociale tendent à être de plus en plus homogènes. C'est dans l'ordre politique, dans la conception de la nation et dans les formes des pratiques démocratiques que se maintiennent le mieux, malgré l'homogénéité croissante des sociétés européennes, les spécificités nationales [1].

1. Schnapper-Mendras, 1990.

L'universalité des postes de la vie économique et des statuts de la vie sociale, la participation politique sur une base universelle, la référence aux principes de l'État de droit et aux droits de l'homme : la vie démocratique impose finalement que la condition juridique et même sociale des immigrés soit progressivement alignée sur celle des nationaux. Dans tous les pays européens, « un socle de droits fondamentaux se constitue au bénéfice des étrangers installés régulièrement dans la société d'accueil, consubstantiellement aux devoirs afférents [1] ».

Les produits et les modes de consommation, d'autre part, se rapprochent. Les populations disposent dans tous les pays des mêmes revenus, ont la même efficacité et adoptent des genres de vie semblables : « La machine économique, de toute sa force, conduit à l'uniformité [2]. » Au-delà de la vie économique, l'ordre juridique élaboré par la Communauté européenne ne se superpose pas seulement aux droits nationaux, il s'impose progressivement à eux, imposant des règles communes à la vie collective.

Le fait même de l'intégration des économies européennes contribue aussi à la convergence des politiques d'immigration et des droits de la nationalité. Lors de la politique de régularisation des années 1981-1982 en France, on a « vu affluer des Turcs venus d'Allemagne, des Tunisiens passés par l'Italie [3] ». Dans une Europe de plus en plus intégrée économiquement et juridiquement, les politiques d'immigration ne peuvent être purement nationales. C'est pourquoi la convention de Schengen, qui prévoit la libre circulation des personnes et des marchandises entre l'Allemagne fédérale, la France, l'Italie et le Benelux, a instauré

1. Costa-Lascoux, 1990, p. 70.
2. J.-C. Casanova, *in* Schnapper-Mendras, 1990, p. 230.
3. Wihtol de Wenden, 1988, p. 285.

des règles communes pour l'entrée des étrangers non communautaires dans cet espace. Les États signataires s'efforcent de lutter ensemble contre l'immigration clandestine, en sanctionnant pénalement les transporteurs coupables d'avoir introduit un étranger en position irrégulière. Le candidat réfugié qui n'aura pas obtenu le droit d'asile dans un pays ne pourra plus déposer une demande dans un autre. En revanche, le titulaire d'un statut de réfugié ou d'une carte de séjour dans l'un des pays pourra librement circuler dans l'ensemble de l'« espace Schengen ».

L'ensemble économique européen se distingue des États-Unis et du Japon par le développement de la protection sociale. Dans toute l'Europe, on prélève par l'impôt et les cotisations obligatoires entre 40 pour 100 et 55 pour 100 du PNB. Plus la politique repose sur des transferts organisés par l'État, on l'a dit, plus elle est favorable aux populations issues de l'immigration.

On a distingué la protection sociale générale de l'ensemble des interventions compensatoires [1]. Pour ce qui concerne la première, il s'agit de faire appliquer effectivement le principe de l'égalité des droits des immigrés et des étrangers devant le travail et la protection sociale, proclamée dès la fin de la Seconde Guerre mondiale et imposée par les institutions internationales et européennes. C'est dans l'entreprise que les « minorités » sont le moins défavorisées. Dans la mesure où son organisation est, partiellement au moins, soumise à la logique du rendement, où l'universalité des postes de travail est, dans son principe, contradictoire avec la spécificité ethnique, il s'agit du lieu public le moins « ethnicisé ». Les interventions gouvernementales aux États-Unis et en Angleterre ont souvent porté sur l'égalité des chances devant le marché du travail : c'est

1. Voir ci-dessus, p. 23.

par l'emploi et les droits sociaux qui lui sont liés que les individus connaissent la véritable intégration à la vie collective. Parce que la protection générale est étroitement dépendante de l'emploi, il n'est pas paradoxal d'affirmer que la meilleure politique sociale fut celle de la Suisse, où le niveau des transferts est le plus faible parmi les pays de l'Europe occidentale, mais où le taux de chômage est quasiment nul.

L'emploi des catégories socialement dévalorisées est en effet particulièrement sensible à la conjoncture. Malgré toutes les mesures prises par la Grande-Bretagne pour supprimer les discriminations devant l'emploi, l'augmentation du taux de chômage défavorise prioritairement les individus appartenant aux groupes sociaux les plus fragiles. Les *Blacks* connaissent un taux de chômage particulièrement élevé[1]. Il est vrai que la « restructuration » des économies européennes a le plus souvent pour effet de remplacer des emplois de manœuvres ou d'OS, qu'occupaient majoritairement les immigrés, par des emplois exigeant une qualification plus élevée. Mais, même aux Pays-Bas où leur niveau de diplômes est élevé, les « minoritaires » ont un taux de chômage trois fois supérieur à celui des Néerlandais[2]. Quand le chômage est élevé, ceux qui disposent d'un emploi le défendent et les syndicats interviennent en leur faveur.

Les politiques spécifiquement destinées aux immigrés sont une des dimensions des politiques compensatoires, lesquelles comportent inévitablement des limites et des contradictions.

Les mesures « réactives », qui entendent « corriger » les situations critiques ou les handicaps sociaux, n'assurent

1. E. Rhodes et P. Braham, *in* Jenkins-Solomos, 1987, p. 208.
2. Cross-Entzinger, 1988, p. 22.

jamais, par définition, qu'une intégration dévalorisée par rapport à celle que donne la participation active à la vie collective, selon les principes et les valeurs universellement reconnus. Dans des sociétés dominées par la logique de l'efficacité et de la rationalité de la production, le statut social des individus reste étroitement dépendant du rapport à l'emploi, même si la part des non-actifs dépasse désormais la moitié de l'ensemble de la population. Tous les statuts liés à un emploi effectivement occupé ou à la référence à un emploi, comme ceux de chômeur, de retraité, de préretraité ou d'étudiant, restent supérieurs, toutes choses égales par ailleurs, aux statuts dévalorisés des assistés, justifiés par l'idée de solidarité nationale, sans parler de ceux qui, sans aucun statut, échappent même au réseau de l'assistance [1]. Les politiques compensatoires, par définition, n'agissent pas sur les mécanismes de production des exclusions, mais seulement sur leurs effets.

Dans des sociétés fondées sur le contrôle par les individus de leur propre destin social, elles sont, d'autre part, confrontées à une contradiction fondamentale : quelles que soient les intentions des responsables, le fait même d'intervenir consacre l'incapacité des bénéficiaires. L'intervention sociale, de manière inévitable, atomise les individus et limite leurs sentiments de solidarité. Elle contribue à enfermer une partie des assistés dans une carrière de pauvres qui ont intériorisé leur infériorité sociale. Elle risque toujours de stigmatiser les bénéficiaires en consacrant leur handicap, de les décourager et finalement de les marginaliser. Dans le cas des immigrés, l'effet discriminatoire peut apparaître d'autant plus fortement qu'ils ne disposent pas du droit de vote.

1. Schnapper, 1989 (b). Voir aussi Paugam, 1992.

Étant donné les limites et les contradictions de toute politique compensatoire, on se trouve, pour ce qui concerne les politiques d'immigration, devant le choix habituel des interventions sociales : faut-il adopter des mesures générales ou spécifiques, étant entendu que les unes et les autres comportent des effets pervers ?

Ou bien l'on privilégie les dispositions *générales*, ce qui évite de discriminer certaines populations. Mais on risque alors d'aboutir à un « saupoudrage » inutile pour les uns et insuffisant pour les plus défavorisés, en sorte que ce sont finalement les classes moyennes qui tirent le meilleur parti de la politique sociale et non ceux qui en ont le plus grand besoin. Tel est souvent le cas, par exemple, du logement social, dans lequel, en Grande-Bretagne, en Allemagne et en France, « minorités » et étrangers sont sous-représentés [1].

Ou bien l'on décide d'intervenir de manière *spécifique*, pour améliorer la condition de ceux qui en ont seuls vraiment besoin, par une législation ou des pratiques particulières. On risque alors de les conduire à adopter les attitudes et les comportements des assistés, en les décourageant de prendre en main leur destin. Les mesures plus particulièrement destinées aux immigrés n'échappent pas à la contradiction inhérente à toute politique compensatoire, qui s'efforce de concilier deux exigences : assurer par l'assistance la survie des plus pauvres dans des conditions que la société juge décentes et ne pas les décourager d'entreprendre eux-mêmes l'action nécessaire pour cesser d'être des assistés.

1. M. Blanc, *in* Simon-Barouh - Simon, 1990, p. 285.

La relativité des politiques

Si la vie économique et sociale tend à être de plus en plus homogène, la politique et le rapport à la nation, en revanche, varient d'un pays européen à l'autre. C'est la raison pour laquelle les politiques d'intégration, tout en convergeant, gardent des modalités spécifiques. Il n'y a pas de « bonne politique » en soi, elle est relative à la tradition politique. Il n'existe jamais que la meilleure (ou la moins mauvaise) politique possible pour un pays donné à une époque donnée. Chacune a des coûts, des avantages et des risques différents.

La *politique d'intégration individuelle* impose une acculturation souvent brutale, privant les individus de leurs références identitaires ; quand la génération née dans le pays d'installation s'intègre, elle provoque des mouvements de xénophobie particuliers, liés à la proximité culturelle et aux rivalités sociales avec la population locale. Elle a toutefois l'avantage de ne pas figer à long terme les oppositions entre groupes constitués et d'intégrer les populations d'origine immigrée — en tout cas leurs enfants.

La *politique d'intégration collective* permet un processus d'acculturation sur trois, éventuellement quatre générations, qui protège les migrants eux-mêmes des traumatismes. Mais elle renforce la conscience ethnique, contribue à ce que les frontières entre les groupes soient réinterprétées en divisions à la fois ethniques et sociales, et risque d'accentuer les oppositions collectives. Elle contribue à affirmer l'existence de groupes qui cumulent handicaps ethniques et sociaux, à justifier les pratiques discriminatoires dans la vie sociale, puis à encourager, en compensation, les gouvernants à adopter des politiques de « discrimination positive ». Mais surtout, elle risque d'ouvrir la voie à la logique « communautariste » dans le fonctionnement de la vie publique, selon laquelle chaque groupe ethnique réclame et éventuellement obtient une représentation proportionnelle à son nombre dans chaque instance de l'organisation politique.

Aux États-Unis, l'intégration collective est favorisée par le mythe fondateur d'un pays d'immigration qui se pensait comme le lieu du refuge et de la liberté pour les opprimés du monde entier. Jusqu'à présent, ses effets pervers ont été compensés par la force de l'idéologie démocratique et du projet national. Le patriotisme y reste fervent. L'exaltation des valeurs identitaires quasi ethniques morcelle pourtant le corps politique « à un point tel qu'il devient pratiquement impossible aux États-Unis d'avoir une politique extérieure, dans la mesure où la politique intérieure est pratiquement devenue une diplomatie entre les divers échelons du pouvoir et entre les communautés ethniques [1] ». Le fonctionnement de la Cour suprême traduit aussi l'éclatement progressif de la *polis* en autant de « tribus » qui refusent que s'applique à elles la législation générale. Les groupes américains utilisent désormais les libertés garanties par le pacte social non pour faire valoir leurs droits dans la société, mais pour s'affranchir de ses normes [2].

En Europe, *a fortiori*, où la nation prétend s'inscrire dans une histoire et, au sens propre, un enracinement ancien et revendiqué par le mythe national, l'*intégration collective* rompt, dans son principe, avec la tradition. On invoque volontiers le cas de la Suisse, fondée sur trois reli-

1. Villars, 1991, p. 425.
2. Bork, 1990.

gions, quatre cultures, la reconnaissance et l'égalité politiques des minorités française, italienne et romanche avec la majorité germanophone ; ou encore la « démocratie consensuelle » des Pays-Bas, qui établit un équilibre entre des groupes sociaux de dignité égale et de même culture. Pourraient-elles servir de modèles à une société « multiculturelle », qui reconnaîtrait dans l'espace public les nouveaux particularismes des populations issues de l'immigration ?

Par-delà leurs différences objectives, les Suisses ont ou se sont construit un passé commun. Ils se réfèrent à un mythe fondateur rappelé dans toutes les circonstances solennelles : le pacte fédéral de 1291 ; les pratiques de la démocratie quotidienne au niveau de la commune et du canton, d'autre part, imposent le respect du pluralisme et des minorités. Les distinctions selon les religions, les cultures et les groupes sociaux ne se recouvrent pas [1]. Aux Pays-Bas aussi, l'organisation sociale et politique, le respect réciproque des groupes, le système de leurs rivalités et de leurs négociations prolongent une tradition libérale séculaire. Pourtant, alors même que le particularisme fait partie de la tradition commune, la politique de pluralisme culturel en faveur des immigrés tend à cristalliser les frontières entre communautés et à les marginaliser dans la vie sociale [2]. L'histoire de la Belgique, beaucoup moins ancienne, ne donne pas à la répartition du pouvoir entre Wallons et Flamands la même stabilité, ni le compromis historique de 1867 entre les deux peuples fondateurs du Canada. On ne connaît pas, en dehors de ces exemples, de société stable fondée sur la reconnaissance publique de

1. H. J. Hoffmann-Nowotny, *in* Hammar, 1985, p. 211.
2. H. Entzinger, communication au colloque sur le racisme, Créteil, 10-12 juin 1991.

« communautés » particulières, comme le montrent les exemples du Liban et, depuis la fin de la glaciation communiste, de la Yougoslavie ou de l'URSS. Combien de générations seraient nécessaires pour que les Néerlandais d'origine indonésienne, installés aux Pays-Bas depuis la fin de l'empire colonial, qui sont pour la majorité d'entre eux de statut social modeste et de tradition musulmane, obtiennent la même reconnaissance dans la vie publique que les catholiques et les protestants et ne soient plus marqués par le souvenir de l'empire et par son échec[1] ?

Quant à la politique des « travailleurs provisoires », les avantages du court terme apparaissent clairement. Une main-d'œuvre docile et peu chère constitue une facilité pour les responsables économiques. Des immigrés provisoires ne remettent pas en cause l'homogénéité culturelle qui apparaît comme une condition nécessaire de l'unité nationale, puisqu'ils sont traités et perçus comme des étrangers. Ils provoquent éventuellement, en raison de cette étrangeté, dans tous les sens du terme, moins de réactions violentes directes de la part de la population locale : ils sont exclus de la vie sociale. Mais aucune politique ne peut rester seulement économique. La *politique de contrats de travail* ne peut être adoptée longtemps dans les pays démocratiques. Le processus d'acculturation que connaissent les immigrés aboutit à former, pendant une ou deux générations, une population étrangère aux deux pays, une minorité stabilisée mais privée de droits politiques. Pendant un certain temps, les immigrés préfèrent sans doute disposer d'un emploi bien rétribué et d'un logement convenable à titre d'étrangers stabilisés en Allemagne plutôt qu'être des citoyens français au chômage. A long terme

1. H. Entzinger, *in* Hammar, 1985, p. 79.

pourtant, la politique des *Gastarbeiter* est contradictoire avec les exigences du système économique et social et les valeurs de la démocratie moderne : on a vu que les Pays-Bas, officiellement, et la Suisse et l'Allemagne, de fait, l'ont abandonnée.

Sur quoi peuvent porter les débats ? Quels choix restent ouverts aux responsables, non seulement dans l'ordre de la politique sociale, mais aussi dans celui de la politique en général ?

Si l'on accepte ces analyses, il est clair que la *politique d'intégration*, en tant que telle, ne peut être l'objet d'un choix politique : inévitable, elle est conforme aux valeurs démocratiques. En revanche, on peut discuter du degré de reconnaissance du « communautarisme » (au sens des « communautés » aux États-Unis) dans l'ordre public et politique, compatible avec l'unité nationale et le respect des croyances et des identités des individus. En d'autres termes, le débat démocratique pourrait porter sur ce que Claude Lévi-Strauss a appelé l'« optimum de diversité » acceptable pour nos sociétés. Mais il importe de ne pas perdre de vue son caractère relatif selon la tradition politique des pays européens, de ne pas critiquer la politique suédoise de « multiculturalisme » au nom de la tradition politique française et réciproquement. La tradition, par définition, n'est pas fixée une fois pour toutes ; les formes de l'intégration nationale se transforment et le « modèle républicain » de l'« intégration à la française » n'est pas immuable. C'est pourtant seulement *à partir de* la tradition politique, et non *contre* elle, que peuvent intervenir les inévitables et souhaitables évolutions.

C'est parce qu'on oublie le caractère relatif de toute politique que le dialogue entre « intégrationnistes » et « multiculturalistes » se réduit le plus souvent à la seule accusation réciproque de « racisme ». C'est ainsi qu'Anglais, Suédois et Néerlandais condamnent volontiers les Français, peu tolérants à l'égard des spécificités culturelles. Ces derniers, en revanche, voient souvent dans la politique « multiculturelle » un moyen de stigmatiser les étrangers et de les empêcher de s'intégrer véritablement dans le pays d'accueil. Mais si les « intégrationnistes » français soulignent la nécessité de faire participer les immigrés à la vie collective, ils ne suggèrent pas pour autant d'empêcher qu'ils cultivent leur singularité dans le domaine privé, familial ou culturel. Qu'on se place d'un point de vue moral ou politique, cette interdiction n'est d'ailleurs ni possible, ni souhaitable. Le respect du domaine privé fait partie des principes de la démocratie. De leur côté, les « multiculturalistes » suédois ou néerlandais insistent sur la valeur des cultures particulières et leur souci de les voir respecter, mais ils ne souhaitent pas que se constituent des ghettos dans lesquels seraient socialement assignés les étrangers et leurs enfants.

Dans ce débat, il ne s'agit pas de porter un jugement moral, ni même d'évaluer les intentions des acteurs, mais d'analyser les *effets* des politiques adoptées. Il importe pour cela d'éclaircir le sens du débat et de distinguer entre le multiculturalisme et les politiques dites multiculturelles. Le multiculturalisme de la vie sociale est un fait : la nation est formée de populations diverses par leur culture, leur milieu social, leur religion de pratique ou de référence, leur origine régionale ou nationale. Dans l'ordre social et privé, c'est aussi un droit, puisque la séparation du public et du privé est fondatrice de l'ordre démocratique. Le respect du multiculturalisme est inscrit dans la loi générale et garanti par le droit privé ; les libertés publiques assurent la liberté d'association, le droit de pratiquer librement sa religion ou d'utiliser sa propre langue. Les particularismes sont respectés au nom de l'universel.

Le principe de la séparation du domaine privé, lieu du pluralisme et de la relativité, et du domaine public n'est pas toujours aisé à appliquer. D'une part, certaines valeurs familiales peuvent apparaître incompatibles avec les valeurs collectives. On n'admet pas en France que l'excision des petites filles noires relève de la seule vie privée, ni le mariage d'une fille contre sa volonté. La frontière elle-même est objet de contestations, comme le montrent tous les débats à propos de l'école, lieu par excellence de la confrontation entre les deux domaines. Le droit de porter le foulard islamique dans l'école appartient-il à l'un ou à l'autre ? Mais ces ambiguïtés n'enlèvent pas sa valeur au principe de la séparation comme idée régulatrice, en fonction de laquelle les gouvernants doivent s'efforcer de résoudre concrètement les contradictions de la vie sociale.

Le problème qui se pose est de savoir si ce multiculturalisme de fait et de droit doit aussi être reconnu comme une des dimensions de l'espace *public* et devenir une des composantes des *politiques publiques*. La reconnaissance politique des particularismes risque toujours de conduire à l'idée de la représentation statistique et à la logique politique du « communautarisme », dont les risques sont d'autant plus graves que la tradition politique est plus unitaire. En France, toute politique multiculturelle, c'est-à-dire toute reconnaissance dans la vie publique du multiculturalisme, risque d'y affaiblir, jusqu'à le dissoudre, le lien national.

Il ne suffit pas de proclamer que les sociétés européennes sont désormais pluriethniques et pluriculturelles pour résoudre magiquement les problèmes de la vie commune. Comment se sont traduites concrètement jusqu'à présent les politiques « multiculturelles », en dehors des affirmations de principe et de bonne volonté ? L'exemple du

Canada peut être éclairant. Malgré les efforts du gouvernement jusqu'en 1960 pour limiter l'immigration non britannique, l'augmentation des populations « ethniques », c'est-à-dire ni françaises ni anglaises, a réactivé la réflexion collective sur l'identité nationale. Pour répondre à cette interrogation, aucun pays, à l'exception de l'Australie, n'a proclamé aussi fortement son adhésion au « multiculturalisme » et ne s'est appliqué avec plus de constance à le mettre en pratique. Le *Rapport au comité spécial sur les minorités visibles dans la société canadienne* a affirmé, en 1971, que le « pluralisme culturel est l'essence même de l'identité canadienne. Chaque groupe ethnique a le droit de conserver et de faire épanouir sa propre culture et ses propres valeurs dans le contexte canadien. [...] Une politique de multiculturalisme doit s'appliquer à tous les Canadiens sans distinction[1] ». L'État fédéral comme l'État du Québec sont devenus des « États-providences ethniques[2] ». Le gouvernement québécois a créé trois organismes, le Comité d'implantation du Plan d'action à l'intention des communautés culturelles, le Comité interministériel mixte de coordination générale du Plan d'action, et, enfin, le Comité d'égalité en emploi dans la fonction publique, qui furent chargés de développer les « communautés culturelles » et d'appliquer la politique « multiculturaliste »[3].

Pourtant, lorsqu'ils font le bilan de l'expérience, les sociologues constatent que la réalité sociale n'est pas devenue « multiculturelle » : « La réalité est tout autre [...]. Le Canada est, comme les États-Unis, une remarquable machine à assimiler l'immigrant [...]. L'intégration et l'assi-

1. D. Juteau, *in* Guillaume, 1986, p. 46.
2. D. Juteau, *in* Guillaume, 1986, p. 39.
3. D. Juteau, *in* Guillaume, 1986, p. 46.

milation de la plupart des ethnies se font relativement rapidement, en une génération ou deux [...]. L'acculturation rapide de ses migrants fait du Canada un grand mangeur d'ethnies. Comme les autres pays démocratiques et industrialisés dont les populations sont très mobiles — géographiquement et socialement —, c'est un État ethnophage [1]. » Peu d'immigrants choisissent l'attachement sentimental à leur pays d'origine aux dépens de la participation à la société canadienne, active et prospère [2]. Il y a déjà dix ans, un autre sociologue avait aussi constaté le caractère marginal et symbolique de l'action dite multiculturelle en Australie et au Canada, le maintien des formes de la vie politique et économique dominante, de source anglaise et protestante en Australie et de source anglaise et française au Canada [3].

Cet échec montre qu'il n'y a pas de sens à préserver, comme s'il s'agissait d'une chose, une « culture d'origine », celle d'avant la migration, qui n'existe plus nulle part et sera inévitablement réduite à l'état de résidu ou de folklore. La culture n'est pas un donné mais une dynamique. Les immigrés installés élaborent une culture spécifique en bricolant autour du « noyau dur » de la culture d'origine des éléments empruntés à la société ambiante. La culture des pays d'émigration n'évolue pas moins. Les politiques multiculturalistes menées en Australie et au Canada ont eu essentiellement pour effet de créer un nouveau service de l'État-providence, d'entretenir un corps de travailleurs sociaux supplémentaire, les travailleurs « culturels ».

A fortiori, dans les pays européens dont la tradition est plus unitaire, la reconnaissance du multiculturalisme peut

1. J. A. Laponce, *in* Guillaume, 1986, pp. 63 et 68.
2. Moodley, 1982, p. 322.
3. Hawkins, 1982.

être analysée dans ses effets objectifs soit comme une étape dans le processus d'intégration, soit comme une forme particulière de l'intégration nationale ; sinon, elle aurait pour conséquence, quelles qu'aient été les intentions de ses promoteurs, d'écarter de la vie commune les populations d'origine étrangère. On peut analyser objectivement la politique suédoise de « multiculturalisme » comme une méthode plus lente, peut-être plus habile et efficace, en tout cas moins brutale, pour faire participer les populations étrangères à la vie collective sans trop de heurts et de souffrances. Le « multiculturalisme » est en effet compensé par l'organisation des immigrés par les autorités suédoises, qui ont érigé les leaders ethniques en partenaires des négociations sociales. Au Danemark, en revanche, où l'on pratique une politique d'« assimilation », les immigrés organisent leurs propres institutions, en sorte que dans les faits les deux politiques sont moins différentes que les proclamations ne le laisseraient penser [1]. Le « multiculturalisme » suédois est une forme particulière de la politique d'intégration dans un pays culturellement et politiquement décentralisé.

Le respect des spécificités culturelles des colonisés que manifestaient les Néerlandais en Indonésie — comme plus tard la politique de l'apartheid — aboutissait à exclure les indigènes de la vie moderne [2]. Pour longtemps encore, la « différence » des populations d'origine immigrée ne peut pas ne pas être vécue par eux et perçue par les autres comme une infériorité. En France, ce sont leurs défenseurs qui réclament pour eux « le droit à la différence », alors qu'eux-mêmes veulent d'abord participer à la société dont ils sont

1. Schierup, 1989, pp. 225-235.
2. Bousquet, 1938, pp. 28-29.

devenus les membres et réclament le « droit à l'indifférence »[1].

Dans des sociétés habitées par la passion de l'égalité, la double volonté de faire reconnaître *en même temps* la différence et l'égalité risque d'être un vœu pieu.

1. Leveau-Kepel, 1988.

CHAPITRE V

ÉGALITÉ INDIVIDUELLE OU ÉGALITÉ COLLECTIVE ?

Il reste à choisir la meilleure stratégie pour aider les populations d'origine étrangère à participer à la vie de la société ambiante.

On peut définir trois politiques. La première consiste à proclamer l'égalité juridique de tous devant la loi sans pour autant prendre aucune mesure particulière pour que ce principe soit effectivement appliqué dans la vie sociale. Ainsi fut fait, par exemple, aux États-Unis après la guerre de Sécession, en sorte que jusque dans les années 1960, l'égalité des Noirs resta théorique.

La seconde consiste à s'efforcer, par une législation particulière, de faire appliquer effectivement le principe de l'égalité de tous dans la vie sociale. C'est ce que font les divers pays européens lorsqu'ils adoptent une législation antiraciste, s'efforcent de lutter contre les discriminations devant l'école, l'emploi et le logement et prennent des mesures sociales en faveur des catégories défavorisées, en veillant à ce que les populations d'origine immigrée en bénéficient au même titre que les autres : c'est la politique d'égalité des chances ou d'*equal opportunity*. Il s'agit d'une politique de régulation générale qui s'efforce d'assurer la conformité des comportements aux règles de la vie commune.

La troisième consiste à adopter des mesures de « discrimination positive » de *reverse discrimination*, d'*affirmative action*, de « quotas » ou de *fair shares*. Ces différents termes ont des connotations sociales différentes, les « quotas » étant en général repoussés alors que l'*affirmative action* est appréciée. Mais sous des mots différents, c'est la même politique de compensation aux handicaps sociaux, fondée sur le principe de la représentation statistique et la notion d'égalité des groupes. Il s'agit dans ce cas d'une politique de redistribution en faveur de certaines populations.

Trop souvent, dans les discussions partisanes et même sociologiques, on confond la seconde et la troisième politique, l'*equal opportunity* et la *fair shares approach*, sous le terme générique d'« égalité des chances », en obscurcissant ainsi les termes du débat.

La première politique, dans les sociétés démocratiques modernes, où les États ont un rôle de plus en plus actif dans la conduite du progrès économique, dans la lutte contre les inégalités et la régulation du lien social, est désormais exclue. La discussion porte donc sur les deux autres politiques possibles : faut-il adopter une politique universaliste de l'égalité des chances des individus ou prendre des mesures particularistes de discrimination positive ou de quotas destinées à assurer l'égalité des groupes dans les pratiques sociales ? En d'autres termes, faut-il privilégier les politiques *colour-blind*, qui ne tiennent pas compte des spécificités et se bornent à faire appliquer concrètement les principes d'égalité des individus, quelles que soient leur origine, leur race ou leur religion, comme l'ont fait en France et, dans la première étape, en Grande-Bretagne, les gouvernements et les syndicats ? Ou bien faut-il prendre des mesures particulières, comme l'ont fait ensuite, sur le modèle américain, les Anglais, pour compenser les discriminations que connaissent certains individus à cause de leur appartenance à un groupe dévalorisé — ce qui signifie adopter la politique qui se conforme au principe de l'*affirmative action*?

LES LENTEURS DE LA POLITIQUE UNIVERSALISTE

La politique universaliste n'exclut pas l'adoption de mesures particulières, si le sens de ces dernières est de veiller à ce que les principes universels soient appliqués à tous. Dans ce cas, la politique d'intervention sociale, qu'il s'agisse du logement, de l'emploi ou de l'éducation, s'adresse à l'ensemble des populations les moins favorisées et non à une population particulière définie par son origine, sa race ou sa religion. Les immigrés bénéficient de ces dispositions au même titre que les nationaux. C'est l'objet par exemple du logement social aidé par les pouvoirs publics, des mesures de formation et d'indemnisation des chômeurs prises dans tous les pays européens depuis les années 1970. C'est aussi le sens de la politique de la ville et de l'*urban areas policy*, qui concerne l'ensemble de la politique de rénovation et d'équipement urbain, dont tous les habitants profitent même si, dans les grandes banlieues en France et les *inner cities* en Grande-Bretagne, la proportion d'immigrés est forte. C'est le sens également de la politique des *educational priority areas* ou des *zones d'éducation prioritaires*. Même si, concrètement, on ne peut négliger, au niveau local, l'origine nationale ou « ethnique » des populations, il s'agit d'adaptations, souvent souhaitables, mais qui restent et doivent rester provisoires et non codifiées.

Si l'on adopte cette politique, les mesures prises en faveur des seuls immigrés, tels la construction de foyers pour travailleurs isolés, l'alphabétisation des adultes ou l'enseignement particulier pour les enfants étrangers qui ignorent la langue du pays d'accueil, sont conçues pour être provisoires. De même, les institutions sociales et politiques spécialisées (« ministère de l'Immigration » ou « ministère de l'Intégration ») et les dispositions particulières sont en principe vouées à la disparition — même si pratiquement elles peuvent être utiles pendant longtemps.

C'est à propos de l'école que la politique universaliste a été le plus fortement contestée au cours des années 1970-1980. Tout un courant de pensée était en effet sensible à la « violence symbolique » qui s'exerçait sur les enfants d'immigrés par l'enseignement de la société ambiante. L'école, instrument de la « domination des dominants », ne pouvait que transmettre le « racisme » dont la culture occidentale était intrinsèquement porteuse. Il importait qu'un enseignement qualifié selon les cas de « multiculturel » ou d'« interculturel » remît en question cette inculcation et rendît aux enfants d'immigrés la juste fierté de leur identité d'origine. Selon la directive européenne du 25 juillet 1977, l'enseignement devait comporter des références à l'option interculturelle et diffuser la langue maternelle et la culture d'origine des enfants de migrants. Une fois encore, il ne s'agit pas d'évaluer les intentions généreuses des défenseurs des immigrés, mais les effets objectifs des politiques.

L'évaluation des effets de l'éducation bilingue a fait l'objet de débats passionnés. Mais partisans et adversaires s'accordent pour conclure que les résultats en sont au moins ambigus et, surtout, qu'ils ne peuvent être interprétés en dehors des dimensions proprement politiques des « relations interethniques » dans chaque pays. On peut expliquer ainsi l'échec scolaire des enfants finlandais en Suède et leur succès en Australie, la réussite des enfants originaires de la péninsule indienne en Grande-Bretagne et les mauvais résultats des Antillais, qui, pourtant, aux États-Unis, ont rapidement dépassé les Noirs américains. L'enseignement bilingue n'a pas le même sens en Grande-Bretagne et aux États-Unis [1]. Cet argument me conduit à avancer que, dans le système d'enseignement français, fondé sur l'égalité formelle des élèves et la non-reconnaissance de leurs spécificités, toute introduction de traitement particulier pour certaines catégories d'élèves ne peut être perçue et vécue par les intéressés que comme une stigmatisation [2]. L'expérience de l'introduction des langues et cultures d'origine à l'école l'a confirmé [3]. Outre les difficultés pratiques de reconnaître certaines cultures et pas d'autres — ce qui conduit inévitablement à créer des « étrangers » plus « étrangers » que les autres —, l'école française ne peut que poursuivre ce qui a toujours été son ambition : donner, avant tout, aux enfants qui la fréquentent les moyens de participer à la société ambiante. C'est d'ailleurs ce que les « immigrés » installés, convaincus que toute éducation multiculturelle risquerait de compromettre les chances de leurs enfants de réussir dans et par l'école, attendent d'elle. Il est bien entendu souhaitable que les maîtres soient sensibles à la diversité des cultures des enfants qui leur sont confiés, qu'ils fassent leur juste place aux apports des autres pays à l'histoire universelle, à condition qu'ils se donnent pour première ambition d'apprendre à leurs élèves la langue française et les mathématiques, qui sont le langage de la modernité.

L'exemple allemand, où les Länder ont d'abord mené des politiques différentes, le montre. Dans certains cas,

1. OCDE, 1987 (b).
2. Schnapper, 1985-1986.
3. Boulot-Fradet, 1988.

à Berlin par exemple, les autorités ont adopté une politique d'intégration par l'école; d'autres, comme le Bade-Wurtemberg, ont créé des écoles et des classes nationales pour les enfants étrangers afin de favoriser leur retour; les troisièmes, à l'instar de la Rhénanie-du-Nord-Westphalie, se sont efforcés de combiner les deux ambitions. Ces dernières politiques se sont révélées des échecs et les responsables se sont finalement ralliés à la première politique, tout en apportant aux enfants étrangers un enseignement complémentaire dans leur langue d'origine [1]. En dehors de la Suède, les pays européens donnent désormais aux enfants d'immigrés le même enseignement qu'aux autres.

Il est vrai que les effets d'une politique fondée sur l'égalité formelle des individus, même lorsqu'elle est soutenue par une politique d'intervention, ne peuvent être sensibles qu'à long terme, et cela d'autant plus que les populations sont plus inégales. Les limites et les lenteurs de la politique universaliste apparaissent le plus clairement à propos des inégalités devant l'emploi. Les enquêtes montrent que, dans tous les pays européens, les jeunes issus de l'immigration ont, à niveau scolaire constant, plus de peine à obtenir un emploi que les nationaux — phénomène qui s'accentue lorsque le chômage est élevé. Mais il est toujours difficile d'établir le fait de la discrimination dans les recrutements et les promotions. D'autre part, comment intervenir sur les décisions individuelles des chefs d'entreprise?

L'exemple britannique montre le début du passage à la politique de discrimination positive. On ne s'est pas contenté de veiller à faire appliquer les principes universels. L'*Act* de 1976 faisait place, comme on l'a justement

1. U. Mehrländer, *in* Rogers, 1985, p. 168.

remarqué, à la notion d'égalité collective, et pas seulement à l'égalité des individus[1]. L'expérience démontre toutefois les limites de l'action législative pour éliminer les pratiques discriminatoires. On a pu supprimer des annonces immobilières ou des offres d'emploi la mention « *No coloureds* ». Mais les pratiques sont devenues « indirectes » ou, selon le vocabulaire des spécialistes de l'antiracisme, « structurelles » ou « institutionnelles », c'est-à-dire non intentionnelles : comment dès lors prouver leur caractère discriminatoire ? Elles sont le produit d'une série de décisions individuelles : comment intervenir sans remettre en cause la liberté de chacun ? Les *Blacks* anglais sont souvent objectivement défavorisés par leur éducation et leurs comportements, de sorte qu'il peut apparaître « justifié » de leur préférer un Blanc pour occuper un emploi qualifié. Vingt ans après l'adoption des premières mesures, tous les sociologues concluent que ce n'est pas seulement en établissant une législation générale et compensatoire qu'on pourra les faire échapper au cercle vicieux du cumul des handicaps. Les effets des politiques publiques et de la législation antidiscriminatoire ou antiraciste sont limités.

LES EFFETS PERVERS DE LA DISCRIMINATION POSITIVE

La politique antidiscriminatoire crée une obsession à propos du « racisme » et « racialise » le discours politique et les conflits sociaux. Une campagne du Greater London Council (GLC), en 1984, avait pour slogan, inscrit sur tous les murs de la capitale, la formule : « Le racisme nous concerne tous : nous en sommes les victimes ou les agents[2]. »

1. Jenkins-Solomos, 1987, p. 108.
2. P. Gilroy, *in* MacDowell *et al.*, 1989, p. 139.

Racisme, antiracisme, anti-antiracisme se nourrissent les uns les autres sans fin. L'obsession pénètre aussi le milieu scientifique : les auteurs de livres destinés à combattre le racisme terminent en s'interrogeant sur la valeur de recherches qui sont menées par des « Blancs » sur des « Noirs »[1].

Critiquant, à juste titre, le caractère essentiellement « réactif » de la législation antidiscriminatoire, un sociologue anglais propose les mesures « positives » suivantes : renforcer le rôle du gouvernement comme employeur afin qu'il respecte lui-même la législation, faire pression pour qu'il ne signe de contrats qu'avec des entreprises dont les employés comprennent une part de « minoritaires » proportionnelle à leur représentation sur le marché local du travail, et ne prendre, enfin, aucune décision d'implantation industrielle ou de construction de logements sociaux sans les examiner du point de vue de leur effet sur les populations minoritaires : « Le principal [*the fundamental point*] est que la dimension ethnique soit considérée comme l'aspect essentiel de ces décisions[2]. » Ces trois mesures sont de nature différente. La première peut être qualifiée d'impérative. Le gouvernement-employeur doit respecter la loi — encore qu'il soit sans doute difficile d'éliminer totalement les facteurs subjectifs dans les recrutements et les comportements. Mais les deux autres mesures ne peuvent être qu'indicatives. S'il faut s'efforcer de faire leur place aux membres des « minorités », comment définir le « marché de l'emploi local » ? Celui des cadres est national, ou, pour certains d'entre eux, international. Celui des ouvriers qualifiés dépend des modes de transports collectifs et de la situation de l'emploi dans la région. Comment

1. Jenkins-Solomos, 1987, p. 219.
2. L. Lustgarten, *in* Jenkins-Solomos, 1987, p. 24.

imposer, de manière générale, que soit prise en compte la dimension ethnique aux dépens des critères de la rationalité et de la rentabilité qui président aux décisions économiques ? Les sociologues anglais ont également montré que les contacts entre les enfants dans l'école « multiculturelle » avaient pour effet de renforcer chez eux le sentiment d'identification à leur groupe et, du coup, la perception négative des autres [1]. Nathan Glazer avait déjà remarqué que la politique destinée à éliminer les discriminations selon la race, la couleur, la religion ou l'origine nationale avait eu pour premier effet d'interroger sans arrêt les Américains sur leur race, leur couleur, leur religion et leur origine nationale, de réifier ces « appartenances », ou plutôt ces représentations dans la vie sociale, en fonction desquelles ressources et privilèges étaient attribués [2].

Les auteurs américains ironisent sur la réticence des Français, qui refuseraient de parler du « racisme » comme les vieilles filles de l'époque victorienne du sexe [3]. Il est évident qu'il ne suffit pas de refuser d'en parler pour l'éliminer. Mais qualifier de « raciste », avant enquête, toute décision ou tout incident dans lesquels est impliqué un enfant d'immigré est souvent inexact et toujours dangereux. Il faut distinguer entre les théories « racistes », dont les anthropologues ont démontré l'inanité, et l'usage aujourd'hui banalisé du terme dans la vie sociale : « En banalisant la notion de racisme, en l'appliquant à tort et à travers, on la vide de son contenu et on risque d'aboutir à un résultat inverse de celui qu'on recherche [4]. » L'interprétation de tous les conflits et de toutes les violences en

1. Cashmore-Troyna, 1990, p. 13.
2. Glazer, 1975, p. 4.
3. Freeman, 1975, p. 155.
4. Lévi-Strauss, 1988, p. 208.

termes de « racisme », avant toute autre analyse — certaines interventions trop rapides de SOS racisme l'ont encore récemment démontré —, contribue à le nourrir en exaspérant les passions. L'effet pervers des politiques antiracistes est parfois de renforcer l'hostilité des populations et de contribuer involontairement au développement des partis d'extrême droite.

De plus, pourquoi donner des droits collectifs aux seuls « groupes ethniques » aux dépens d'autres « appartenances » également justifiées : la revendication particulariste est sans limites. Pourquoi et comment imposer une proportionnalité en ce qui concerne l'« ethnicité » et ne pas en tenir compte pour les membres d'autres catégories sociales sans provoquer chez ces derniers des sentiments d'injustice et des revendications fondées ? Accorder une place particulière à toutes les catégories sociales risque de remettre en cause le projet national, qui est précisément destiné à transcender les particularismes. La proportionnalité mathématique est impossible à définir dans l'ordre social et ne peut qu'être la cause de contestations et de conflits. La législation antidiscriminatoire ne peut manquer d'entretenir l'« ethnicité » aux dépens de la conscience nationale, de renforcer la fragmentation du corps social et de susciter des conflits incessants entre les groupes et d'inévitables interrogations, morales et politiques, sur l'« équitable » représentation des « minorités ». Depuis Aristote, on sait que le critère en est incertain et que l'équité peut se définir par l'égalité ou par la proportion.

Dans des sociétés toutes pénétrées de la passion égalitaire, il existe des contradictions intrinsèques à la politique de quotas et de discrimination positive que l'exemple américain a mises en lumière, encore que le seul établissement des faits, chargés de débats passionnés, soit parfois difficiles à faire[1]. La pratique imposée du *busing*, selon laquelle les enfants noirs et blancs étaient transportés sur de longues distances de leur domicile à leur école, afin que la répartition des enfants dans chaque école fût proportionnelle à leur nombre dans la population, empêchait les enfants d'échapper à leur définition raciale. Elle a eu pour effet objectif — outre ses inconvénients concrets évidents — de détruire les communautés locales sans permettre une intégration plus large. Il ne suffit pas de rassembler les individus dans l'espace pour que s'établissent entre eux de véritables relations. Les enfants des familles les plus favorisées ont d'ailleurs échappé au système, leurs parents les ayant inscrits dans des écoles privées. Même si elles refusent officiellement l'idée de « quotas », les recrutements dans certaines écoles et universités n'ont plus en fait exclusivement reposé sur la compétence *(technical qualification)* des candidats, mais aussi sur la nécessité de répondre à des exigences de quotas. La législation sur les embauches dans les entreprises a eu pour effet de favoriser la constitution d'une élite noire et d'empêcher la promotion des plus démunis[2]. En s'efforçant de répartir également dans l'espace social les diverses populations, la politique du logement a abouti, dans la mesure où elle réussissait, à saper le pouvoir que les Noirs avaient acquis grâce à leur concentration spatiale.

L'égalité établie en fonction de l'appartenance à un groupe se révèle, dans bien des occasions, contradictoire avec l'égalité individuelle. Admettre, par exemple, au nom de quotas de fait destinés à assurer la représentation statistique des minorités, un candidat qui a obtenu une note faible, et refuser l'admission à d'autres, qui ont obtenu

1. Voir en particulier Glazer, 1975.
2. Jenkins-Solomos, 1987, p. 72; Sowell, 1986, p. 216.

au même concours une note supérieure, parce qu'ils appartiennent à des groupes ethniques « défavorisés », comme cela a été pratiqué de manière implicite dans certains départements universitaires aux États-Unis, remet en question le principe de l'égalité des *individus* devant la loi, fondateur du pacte politique non seulement des États-Unis, mais de l'ensemble des sociétés modernes. Outre le fait que cette égalité d'appartenance touche aux intérêts de certains groupes, elle provoque des réactions violentes qui risquent d'être « contre-productives » pour ses ambitions.

La politique de discrimination positive implique que l'individu « appartient » à un groupe réel. Or ce n'est pas le cas. Dans les sociétés modernes, toute identification des individus à un groupe soulève les problèmes qu'ont connus les nazis lorsqu'ils voulaient définir les juifs : convertis, « demi-juifs », « quarts de juifs », époux d'« Aryens », etc.[1]. Les catégories sociologiques sont des moyens d'analyse. Elles ne désignent pas des groupes réels, même s'il s'agit des « Noirs », dont l'existence en tant que groupe visible, uni par une communauté de destin aux États-Unis, est le produit d'une construction sociale. Seuls les Indiens disposent d'un statut particulier, mais tous les individus ont le droit d'en sortir. Les catégories ethniques ou sociales permettent de classer les individus, ces derniers ne font pas pour autant partie de groupes qui seraient constitués en tant que tels. Dans aucun pays, à l'exception de l'Afrique du Sud de l'apartheid et du Liban, les groupes n'ont d'existence politique reconnue. Aux États-Unis, ils forment des groupes de pression, pas des entités politiques. La société moderne n'est pas formée de groupes juxtaposés auxquels appartiendraient les individus mais de popula-

1. R. Hillberg, cité par L. Le Borgne, *in* Simon-Barouh - Simon, 1990, p. 254.

tions, dont les rôles et les références sont multiples et qui, suivant les situations sociales et les circonstances historiques, choisissent, en fonction de leur passé individuel et collectif, une forme d'appartenance et d'identité. « Le propre des ensembles sociaux est d'être équivoque, d'avoir des frontières mal définies [1]. »

La politique de discrimination positive confond, enfin, l'ordre politique et juridique, qui assure l'égalité des chances, avec l'ordre des réalités socio-économiques. Le principe de l'égalité des chances consiste à expliquer et à justifier les inégalités de fait par les différences du mérite ou des compétences, non à les supprimer. Il ne peut se traduire par la représentation statistique de chaque catégorie dans chacune des institutions sociales. Dans la société moderne, on affirme le traitement politique égal des individus dans l'espace public *(equal treatment)*, mais on ne leur assure pas une part égale *(equal share)* des ressources collectives. L'égalité des chances n'est pas l'égalité des résultats. Les gouvernants mènent une politique de régulation et d'application de la loi pour assurer l'égalité politique, et une politique de redistribution compensatrice partielle et non proportionnelle — c'est tout le sens de l'État redistributeur de ressources. Les Américains et dans une certaine mesure les Anglais sont passés de la première politique à la seconde. Dans une première étape, il s'agissait de faire appliquer concrètement le principe de l'égalité des Noirs devant la loi et dans la vie sociale. Il avait été proclamé depuis un siècle, mais la « désintégration » des écoles ne date que de 1964. Progressivement, au cours des années 1970, on est passé à l'idée de leur représentation statistique dans les écoles, les universités, la télévision, les entreprises, etc. — mais pas, notons-le, dans la vie politique.

1. Aron, 1965, p. 90.

Or, quel que soit le critère au nom duquel on classe les individus dans une société moderne, les différentes catégories ne sont pas représentées dans les institutions proportionnellement à leur nombre, d'ailleurs impossible à préciser. Ils doivent *pouvoir* participer à toutes les institutions, en particulier les plus prestigieuses, mais on ne peut se donner pour but qu'ils y soient présents en proportion de leur nombre. L'idée de proportionnalité peut guider comme une référence abstraite la politique de l'égalité des chances, elle ne peut être le résultat concret et mesurable d'une politique de redistribution.

Ces interprétations erronées de la nature même de la réalité sociale expliquent les contradictions dans lesquelles s'est retrouvée la politique de discrimination positive et finalement son échec, reconnu par tous. Elle réduit la liberté des individus, cristallise des « appartenances » à des groupes, alors que les sociétés modernes, fondées sur la liberté et l'égalité individuelles, se caractérisent par la mobilité des références et des identités. Elle n'a donné à ses bénéficiaires qu'une apparente intégration.

Certaines mesures qui relèvent de la logique de *fair share approach* peuvent sans doute être adoptées à titre provisoire, à condition de veiller à ce qu'elles ne soient pas institutionnalisées et à ce qu'elles soient clairement pensées comme une étape. Il est en effet toujours difficile, dans une démocratie, de revenir sur des mesures qui assurent la représentation et les intérêts particuliers de groupes et d'individus dont le statut social est lié à leur rôle d'intermédiaires et de médiateurs. La législation antidiscriminatoire britannique a suscité un corps de professionnels et de conseillers chargés de veiller à l'élimination du racisme dans les entreprises et de proposer aux pouvoirs locaux des programmes destinés à faire reconnaître la place culturelle et politique des minorités[1]. Lorsque l'État s'est transformé, selon l'expression canadienne, en « État-providence ethnique », il crée autour de lui un corps de professionnels « ethniques », d'entrepreneurs culturels, d'universitaires spécialisés et d'intermédiaires politiques désormais constitués en groupe de pression, directement intéressés à la perpétuation de l'« ethnicité ». Leur existence rend difficile, sinon impossible, de revenir à la politique *colour-blind*, même si les *ethnics* sont désormais devenus avant tout des « nationaux »[2]. L'État-providence ethnique ajoute une autre dimension à l'État protecteur ; il encourage l'extension de la bureaucratie, le nombre et l'activité des « experts » et des fonctionnaires, aux dépens du pouvoir des représentants élus de la nation. C'est précisément là un des dangers auxquels sont confrontées les démocraties.

Les Américains, malgré certains excès de la politique de discrimination positive, n'ont pas directement appliqué son principe dans les instances de la vie politique. Les groupes ethniques agissent au titre des lobbies admis dans la vie publique parmi d'autres, mais ils n'ont pas droit à la représentation dans les institutions. C'est l'expérience du Liban qui montre de manière cruelle les excès dramatiques auxquels conduit l'application de la représentation proportionnelle dans la vie politique, ce qu'on peut appeler la logique de la « politique communautariste ».

Si l'Afrique du Sud avait organisé l'inégalité politique des communautés, définies par leur « race » (Blancs, Noirs, Indiens, métis), le système politique libanais a instauré jusqu'à la guerre de 1975, aux termes des stipulations du pacte national de 1943, un système d'égalité des commu-

1. P. Gilroy, *in* MacDowell *et al.*, 1989, p. 137.

2. Moodley, 1982, p. 321. Même réflexion à propos de l'Allemagne par Griese, cité par O'Brien, 1989, p. 128.

nautés confessionnelles qui fixait les règles de la vie commune de « minorités associées ». Par son caractère extrême, il est révélateur de la logique « communautariste ». Les communautés, qui étaient des personnes de droit public, disposaient d'une représentation garantie par la Constitution à tous les niveaux de l'organisation gouvernementale : « Notre structure confessionnelle commande une grande partie de nos rapports publics et privés[1]. » Non seulement le droit privé était différent selon l'appartenance des Libanais à une communauté chrétienne ou musulmane — les confessions disposant en ce domaine de droits autonomes par rapport à l'État —, mais l'ensemble de la vie publique était « commandé » par le confessionnalisme. Toutes les communautés avaient le droit d'être représentées au Parlement proportionnellement à leur importance démographique : la loi précisait que sur quatre-vingt-dix-neuf sièges au parlement, trente revenaient de droit aux maronites, vingt aux sunnites, etc. ; le président de la Chambre était un chiite. Chaque commission parlementaire devait être composée selon le même principe, en sorte que « le parlementarisme libanais est ainsi tout entier sous-tendu par le confessionnalisme. Il en est l'expression ; mais en même temps, la victime[2] ». Le même souci présidait au choix de l'exécutif ; l'article 95 de la Constitution prévoyait que « les communautés seront équitablement représentées dans la composition du ministère ». Ainsi, le Premier ministre ne pouvait être qu'un musulman sunnite, le vice-président un grec orthodoxe, les autres ministres appartenant aux autres confessions selon des règles fixes[3]. Le président de la République devait être maro-

1. Risk, 1966, p. 30.
2. Risk, 1966, p. 30.
3. Delvolvé, 1971, pp. 18-19.

nite. Même au niveau des conseils municipaux des grandes villes, les communautés étaient représentées proportionnellement à leur nombre.

La fonction publique n'échappait pas à la règle, l'article 95 posant ainsi que « les communautés seront également représentées dans les emplois publics ». « Comme toutes les institutions, la fonction publique est profondément marquée par la question communautaire. Tous les organes, toutes les règles qui s'y rapportent doivent être envisagés dans cette perspective[1]. » Étant donné cette règle, tout recrutement, tout déplacement, toute promotion devenait l'objet de tractations et de négociations infinies. Depuis les années 1930, les discussions se poursuivaient pour essayer de définir le caractère « équitable » de la représentation des communautés[2]. La question du dosage « communautaire » excluait le critère de l'efficacité ou de la compétence. En fonction de la prééminence du droit des communautés sur celui des individus, les concours de recrutement consacraient l'inégalité des individus devant les emplois publics. Une candidate reçue troisième à un concours s'était vu préférer le candidat reçu quatrième parce que parmi les deux premiers nommés figurait déjà un membre de sa communauté (chiite) et qu'il fallait, en conséquence, désigner un représentant d'une autre confession. Le Conseil d'État avait donné raison à l'administration[3]. « Plus que de l'égalité des citoyens devant les fonctions publiques, il vaut mieux parler de celle des communautés religieuses[4]. »

1. Delvolvé, 1971, p. 69.
2. Rondot, 1947, p. 93.
3. Delvolvé, 1971, p. 76.
4. Delvolvé, 1971, p. 75.

« Assemblée stérile. Gouvernement impuissant[1]. » La remarque pouvait être étendue à tout le fonctionnement de la vie publique, soumise à ce qu'on a appelé « la peste communautaire[2] ». Les Libanais eux-mêmes étaient les premiers à ironiser sur les excès du confessionnalisme[3]. Les résultats trop évidents de la logique communautariste ont conduit ses défenseurs, depuis les années 1930, à la présenter comme provisoire[4]. Mais l'histoire a montré qu'elle n'a pu être remise en cause et qu'elle a organisé le délabrement de l'État et contribué à dissoudre l'identité nationale au profit des seules appartenances communautaires.

L'UNIVERSALISME CONTRÔLÉ

Garder le principe des politiques universalistes semble donc inévitable. Mais il ne faut pas en conclure que toute intervention est inutile. L'exemple de la Suisse — où l'État fédéral, malgré une philosophie libérale, a progressivement formulé une politique d'immigration — montre que, sur un sujet qui est au cœur de la définition nationale, l'État moderne ne peut s'en tenir au laissez-faire. Les « mesures

1. Risk, 1966, p. 31.
2. Maxime Rodinson, *Le Monde*, 1er décembre 1990.
3. « C'est la guerre. Un lieutenant maronite croise une compagnie grecque catholique au repos, assise à l'écart de la bataille qui fait rage. "Sergent, hurle-t-il, ceci est une guerre, vos hommes semblent l'ignorer ! S'ils ne combattent pas dans la minute, je les fais tous exécuter comme déserteurs, et vous en premier ! — Un des nôtres vient justement de se faire tuer, réplique le sergent. Nous pensions qu'il fallait que trois maronites, deux sunnites, deux chiites, deux grecs orthodoxes et un druze périssent à leur tour, avant que nous puissions reprendre le combat." » *Cf.* Chedid, 1969, p. 74.
4. Rondot, 1947, p. 97.

d'accompagnement» sont nécessaires. Faire appliquer, sous certaines conditions, le principe de l'égalité individuelle peut être objet de politique, à condition de ne pas attendre d'elle ce qu'elle ne peut donner. La législation antiraciste adoptée en France «arrive à réprimer les idéologies, certains actes ou omissions discriminatoires caractérisés», ce qui n'est pas négligeable, même si elle «se heurte à la difficulté de combattre les inégalités et les intolérances de la vie quotidienne[1]». Les transferts linguistiques auxquels sont contraints les «racistes» constituent malgré tout un progrès. Il est injuste de reprocher aux mesures juridiques prises par les pays européens de ne pas éradiquer les sentiments ou les conduites non intentionnelles des individus : quelle législation dispose de ce pouvoir ? Telle ou telle action particulière peut comporter des effets positifs. On a pu constater qu'en Irlande, par exemple, un client américain avait pu imposer l'engagement de catholiques dans une entreprise locale[2]. Mais leur qualification n'était pas éloignée de celle des protestants. On retrouve la loi de toutes les politiques compensatoires, qui sont d'autant plus efficaces que les populations auxquelles elles s'adressent sont moins défavorisées et plus susceptibles de profiter de l'aide qui leur est apportée.

Dans les sociétés démocratiques, la politique consiste à gérer les contradictions entre le droit des individus et les réalités collectives de la vie sociale ; plus généralement, entre l'égalité juridique et politique des individus et les inégalités des divers groupes sociaux, en d'autres termes, entre l'idéal d'égalité et les inégalités de fait de l'ordre économique et social. Elle s'efforce de concilier les exigences impératives des «droits-libertés» — liberté de pensée,

1. J. Costa-Lascoux, *in* Taguieff, 1991, 2, p. 120.
2. J. Darby, *in* Jenkins-Solomos, 1987, pp. 110 *sqq.*

d'expression, de culte —, issus de la tradition politique des droits de l'homme, et les aspirations souhaitables des « droits-créances » — droit à la subsistance, au travail, à l'instruction — nés de la critique marxiste ou socialiste. L'« ethnicité » est une de ces réalités collectives, une des sources des inégalités économiques et sociales. La politique consiste à négocier des compromis entre des exigences souvent contradictoires, un art, tout d'exécution, pour trouver des solutions pratiques qui soient acceptables par tous, même si elles ne peuvent être que provisoires.

La réification des ethnicités dans le domaine public n'apporte guère de solution. Il est vrai que la politique d'égalité « formelle » peut apparaître singulièrement limitée lorsque les principes qu'elle proclame ne sont pas réellement appliqués, suscitant l'impatience et l'indignation légitimes de ceux qui sont victimes de discriminations. Mais, comme l'a remarqué Kenneth Young, pour passer de la politique d'égalité à la politique d'*equal share* en ce qui concerne l'accès à l'emploi, il faudrait que : 1. le niveau d'éducation des Noirs soit égal à celui des Blancs ; 2. que les employeurs n'aient pas de préférence raciale ; 3. que les Noirs eux-mêmes ne redoutent pas les pratiques discriminatoires et ne s'écartent pas de la compétition ; 4. qu'un nombre de candidats suffisant soit chaque fois réellement en compétition[1]. La vie sociale n'est pas, ne peut être parfaitement transparente et rationnelle sans devenir totalitaire.

Il est indispensable — et il n'est pas sans efficacité — que la politique d'égalité universelle soit accompagnée de mesures d'encouragement indirectes ou implicites, ou, au contraire, symboliques et emblématiques, à condition de s'assurer qu'elles ne deviennent ni des règles de droit, ni

1. K. Young, *in* Jenkins-Solomos, 1987, pp. 104 *sqq.*

des pratiques établies. Pour prendre l'exemple français, la place faite, par exemple, sur les listes de candidats aux élections ou dans les commissions officielles ou semi-officielles, à *plusieurs* « minorités » aussi différentes que les femmes, les « beurs », les juifs, les protestants, les Méridionaux ou les « rapatriés », est une formule non contraignante, exemple de ces décisions, réelles ou symboliques, susceptibles de favoriser l'intégration progressive des groupes divers (et non d'un groupe particulier). Tenir compte au niveau local de l'origine des populations pour répartir les logements sociaux et la fréquentation des écoles, comme on le fait souvent, peut être utile, à condition que ces pratiques soient limitées et provisoires. Diffuser l'information sur les cursus scolaires et universitaires ou, comme aux États-Unis, sur les universités les plus prestigieuses, pour que les éléments les plus brillants des groupes « minoritaires » puissent y être admis selon les mêmes conditions que les autres; faire une publicité pour les recrutements en dehors de la sphère familiale et sociale; engager certains d'entre eux pour présenter les journaux télévisés; souligner les réussites et pas seulement les échecs et les « problèmes » : les mesures symboliques ne manquent pas qui peuvent contribuer à modifier progressivement l'image des populations minoritaires. La présence de quatre députés noirs à Westminster et au Parlement néerlandais depuis 1987 a une valeur emblématique, indépendamment du problème de la représentation statistique des populations issues des anciennes colonies. La politique d'égalité individuelle est lente dans ses effets mais, à long terme, elle est conforme aux pratiques démocratiques et à l'idéal d'égalité des sociétés modernes.

Reste qu'aucune mesure ne remplacera l'action des populations elles-mêmes : maîtriser son propre destin est le principe essentiel du fonctionnement des démocraties. Aucune politique antidiscriminatoire ne sera aussi efficace que l'acquisition par les populations issues de l'immigration des capacités nécessaires pour participer à la vie collective. La politique d'*equal opportunity* peut être alors efficace pour que ces compétences soient effectivement reconnues. Il ne s'agit pas seulement « d'arracher par la lutte contre une société raciste [1] » le respect de l'égalité des individus, quelles que soient la couleur de leur peau ou leur origine nationale, mais de se conformer à la logique de sociétés fondées sur la liberté des individus. Ce n'est pas, bien entendu, un principe facile à appliquer, quand le cumul des handicaps empêche précisément les individus de prendre leur destin en main.

La politique gouvernementale ne peut avoir pour ambition raisonnable que d'aider les individus à s'aider eux-mêmes : elle doit être incitatrice plutôt que compensatoire. On a pu constater l'amélioration de la condition d'une bonne partie de la population noire à la suite de sa participation à la vie politique américaine. Il faut qu'en Europe aussi les populations issues de l'immigration s'organisent pour défendre leurs propres intérêts. Doivent-elles le faire à l'intérieur du système politique, tel qu'il existe, ou bien former une entité particulière dans la vie politique, constituer un groupe à l'intérieur des partis sur le modèle américain ? Faut-il que des représentants « ethniques » agissent, au nom de cette ethnicité, dans les différentes instances politiques, comme le suggère John Rex pour la Grande-Bretagne, où le système électoral défavorise systématiquement les minorités ? Selon lui, la seule politique d'égalité ne pourra concrètement assurer la participation politique des « minorités » [2]. Les traditions politiques divergent en

1. J. Jenkins, *in* Jenkins-Solomos, 1987, p. 111.
2. Rex, 1990.

ce qui concerne la représentation des communautés culturelles. La représentation «ethnique» appartient à la tradition politique américaine. Elle est peut-être acceptable dans la vie publique des Britanniques, plus tolérants à l'égard des spécificités des populations réunies par la Couronne britannique. Mais dans tous les cas, elle ne peut être que rigoureusement limitée, l'application de la stricte logique politique du «communautarisme» ne pouvant que conduire à la dissolution nationale.

Les discussions en France ne peuvent pas porter sur le principe de l'intégration individuelle, fondé par l'histoire de la nation et le système de valeurs collectives. Le degré de reconnaissance possible et souhaitable de communautés dans l'espace public ne saurait augmenter beaucoup sans risques : la France a été construite par l'État autour de l'idée de la nation une et indivisible. La politique *colour-blind* a le mérite de s'inscrire dans la tradition d'une nation unitaire. D'ailleurs les populations concernées, meilleures sociologues que bien des professionnels, comprenant mieux leurs véritables intérêts que leurs défenseurs autoproclamés, n'ont pas demandé cette reconnaissance publique et se conforment dans leurs projets et leurs conduites au modèle traditionnel de l'«intégration à la française». On peut regretter l'usage politique qui a été fait par le président de la République de la «communauté juive» en 1989[1] et de la «communauté arabe» à la fin de la guerre du Golfe. Le «modèle républicain» d'intégration des populations autour d'un projet politique commun, grâce à des institutions nationales fortes — école, Église, armée, partis — entretenant une idéologie patriotique, doit sans doute être remplacé, dans la société moderne, par des modèles d'intégration moins autoritaires, plus souples, qui autori-

1. P. Birnbaum, *in* Taguieff, 1991, 2, p. 280.

sent les individus à recomposer plus librement des pratiques, des références et des identités diverses, dépassant le seul cadre national. Mais dans des sociétés marquées par l'instrumentalisation croissante des relations sociales et l'extension de la sphère marchande, où ni la religion, ni le principe dynastique n'organisent plus la vie collective, on peut craindre que la suppression du rôle intégrateur de la nation n'affaiblisse le lien social. « On ne refait pas ainsi la vie collective; une fois détruite notre organisation sociale, il faudra des siècles d'histoire pour en refaire une autre [1]. »

Le débat peut porter sur la *stratégie* à adopter. Si l'on admet que le système de valeurs communes accorde aux filles et aux garçons le même droit à la responsabilité individuelle, est-ce — symboliquement — en refusant le foulard islamique à l'intérieur des écoles ou en l'acceptant à titre provisoire qu'on favorisera de manière plus efficace l'effort des filles d'origine musulmane pour participer pleinement à la vie collective? En d'autres termes, on peut s'interroger sur le degré de jeu avec les normes collectives qu'on peut admettre dans l'ordre public sans remettre en cause le sentiment et la réalité de la cohésion nationale. Il va de soi qu'il n'y a pas de réponse simple et qu'il faut laisser aux politiques le soin de négocier les compromis nécessaires entre des exigences contradictoires.

Les conséquences de ces analyses sont doubles. D'une part, la politique d'intégration est à la fois un fait et une nécessité en même temps qu'une valeur, partie des valeurs démocratiques. D'autre part, même si à terme une partie des immigrés regagnent leur pays, toute entrée de nouvelles populations sur le territoire national est *grave*, dans la

1. Durkheim, 1987, (1904), p. 286.

mesure où la seule ambition de la politique est d'intégrer ceux qui s'installent.

Il n'est pas donné *a priori* que le rapport entre la force du projet politique qui définit la nation, d'un côté, et le nombre et les caractéristiques des populations, de l'autre, permet que s'instaure *dans tous les cas* le procès d'intégration nationale sans provoquer *à court terme* des problèmes sociaux et politiques. A long terme, toutes les populations connaissent des formes d'acculturation, mais les phénomènes historiques se déroulent parfois à court terme. Il ne s'agit pas de savoir si certaines populations sont ou seront « assimilables » dans une nation déjà constituée, mais de s'interroger sur la possibilité, de la part des populations admises sur le sol national, de participer de manière active au processus jamais achevé de l'intégration nationale. Il pourrait être submergé, si des populations lointaines arrivaient en grand nombre, dans des sociétés dont la cohésion sociale est toujours fragile. Il est vrai que l'intégration inévitable des populations installées implique que l'entrée de nouveaux venus soit contrôlée, ce qui ne signifie pas supprimée. Or le contrôle est difficile dans des sociétés démocratiques, libérales et ouvertes. En même temps, cette intégration a pour effet de susciter de nouvelles arrivées. Une politique de quotas d'immigration selon la qualification et l'origine, qu'appliquent les États-Unis et le Japon [1], en tenant compte des liens traditionnels de la France avec certains pays d'émigration, serait aujourd'hui conforme aux intérêts nationaux.

Qu'on les interprète en termes de race, de religion, de culture ou de classe sociale, il existe toujours des sentiments d'hostilité collective entre les groupes déjà installés et les nouveaux venus [2]. Il importe que ces réactions ne se cris-

1. Fondation Saint-Simon, 1991.
2. Elias-Scotson, 1965.

tallisent pas en mouvements politiques, qui exacerberaient l'identité « ethnique » des nationaux et des immigrés aux dépens du sentiment d'appartenance à la vie commune et susciteraient des actions violentes. La « racialisation » d'un groupe, suscitant les sentiments « racistes » des autres, se construit toujours à l'intérieur d'un système de relations économiques et politiques. Dans des sociétés fondées sur le principe de l'égalité des individus, si les mêmes populations cumulent les handicaps économiques et sociaux et l'appartenance « ethnique », le cercle vicieux « exclusion-hostilité-mépris de l'autre/intériorisation du mépris-autodévaluation-exclusion » s'installe. Il conduit, par exemple, aux ghettos des Noirs ou des *hispanics* aux États-Unis. Il importe que, rapidement, une partie au moins des immigrés participent activement à la vie collective, en sorte que ne se constitue pas une ethnie/classe dévalorisée cumulant les handicaps, écartée du système d'échanges propre aux sociétés modernes. Aucune « ethnie » n'est, par ses caractéristiques, incapable de répondre aux exigences de la modernité, mais les conditions sociales risquent toujours de créer des exclus, dont les handicaps se transmettent d'une génération à l'autre.

Les passions autour de l'immigration que manifestent les populations européennes peuvent conduire à réinterpréter dans les termes du « racisme » ou de l'« immigration » les problèmes de violence et les processus d'exclusion nés de l'affaiblissement du lien social dans les sociétés individualistes, et plus précisément des ratés du système éducatif, du chômage et de la restructuration économique. En Grande-Bretagne, lors des émeutes de Brixton, pendant l'été de 1981, un tiers seulement des jeunes gens arrêtés étaient d'une « apparence ethnique autre que blanche » ; c'est pourtant en termes de race que l'événement fut perçu et traité : l'analyse sociale et politique était ainsi évacuée au profit de la condamnation des préjugés et de l'invocation de principes moraux[1]. En France, le « mal des banlieues » est aussi de plus en plus souvent attribué aux seuls immigrés. Tous les sociologues montrent pourtant que les « exclus » des banlieues ne sont pas seulement les enfants des « immigrés » et que — jusqu'à présent au moins —, les violences n'opposent pas les uns aux autres les « groupes ethniques ». Mais ces analyses risquent de ne pas peser lourd devant une interprétation spontanée qui réconforte les nationaux, en particulier les plus démunis. L'« ethnicisation » des phénomènes d'exclusion liés aux caractéristiques des sociétés modernes constitue un danger d'autant plus grand qu'il existe sur ces sujets des convictions idéologiques qui résistent à toute argumentation. Or, les représentations sociales appartiennent à la réalité objective.

L'intégration de nombreux étrangers, qui fut longtemps une spécificité de l'histoire nationale française, est désormais une nécessité qui s'impose à tous les pays de l'Europe occidentale. La politique ne peut plus être qu'européenne ; l'accord de Schengen en est le premier essai. Du Sud, pauvre et aride, les populations continueront, pendant les prochaines décennies, à partir pour venir s'installer dans nos pays. La liberté de se déplacer, brusquement accordée aux peuples qui furent soumis pendant deux générations à la tyrannie communiste, risque aussi de conduire à des mouvements d'individus, attirés par la richesse et la liberté de l'Ouest. Les tensions actuelles entre les anciens citoyens de la RDA, qui étaient passés du nazisme au communisme, et les Allemands de l'Ouest, prospères et démocrates, apparaîtront peut-être comme un modèle des relations difficiles entre des Européens dont l'expérience historique a été divergente pendant deux générations.

1. P. Gilroy, *in* MacDowell *et al.*, 1989, p. 126.

Jusqu'à présent, en France, les immigrés ont participé au processus d'intégration nationale sur une ou deux générations. C'est le cas des populations d'origine européenne et maghrébine aujourd'hui stabilisées depuis une génération. Mais ce n'est pas acquis *a priori*.

Est-ce que dans l'avenir la volonté politique de la nation, les liens et les solidarités entre pays européens, le nombre et les caractéristiques des nouveaux venus, de plus en plus nombreux à venir des pays du Sud lointain ou de l'Est — de l'Afrique subsaharienne, de Turquie ou du Sri Lanka —, les modes d'intégration spécifiques de la société moderne permettront que se prolonge une histoire qui désormais n'est plus seulement française?

Conclusion

Lorsque le sociologue touche à des problèmes qui soulèvent les passions, l'interrogation sur le rôle du « savant » par rapport à celui du « politique », pour reprendre le titre de l'essai célèbre de Max Weber, se pose de manière particulièrement aiguë. Si toute politique consiste à gérer les contradictions aussi bien entre des valeurs qui ne sont pas nécessairement convergentes qu'entre les valeurs et les contraintes de la vie collective, il est difficile pour le sociologue de définir son rôle en échappant au dilemme de la condamnation ou de la justification.

Doit-il, en constatant l'écart entre les principes que la société proclame et les pratiques de la vie sociale, dénoncer, explicitement ou implicitement, ces manquements ? Toutes les sociétés violent les valeurs et les principes dont elles se réclament. Mais la condamnation seule, à laquelle se complaisent la plupart des sociologues, donne au « savant » le confort de l'irresponsabilité. Il est facile — et exact — d'accuser de racisme la politique de la nationalité britannique depuis 1962. Mais personne, en Angleterre, ne souhaite que débarquent sur les îles Britanniques tous les descendants des populations qui ont appartenu un jour au Commonwealth. Le sociologue doit finalement se conformer à l'éthique de la responsabilité. Lorsqu'il a poussé l'analyse sociologique à son terme, il n'a pas le droit de se dérober à la nécessité d'indiquer *in fine* le choix politique qui lui paraît le plus raisonnable. Il ne peut se contenter de montrer que la politique d'égalité des chances est logiquement et historiquement contradictoire avec les principes de la « discrimination positive » sans en tirer les conséquences.

Il ne saurait pour autant s'en tenir à expliciter la logique de l'action gouvernementale et à formuler les exigences de la vie collective. Dans ce cas, qu'il le souhaite ou non, il contribuerait à légitimer les responsables des politiques publiques et trahirait sa mission de connaissance objective, essentiellement critique.

Pour sortir de ce dilemme, il faut préciser les ambitions fondées que peut nourrir le « savant » et les limites de son rôle social.

Il peut se donner pour fin de clarifier les termes du débat public. L'explication des concepts communs à la vie sociale et à l'activité scientifique — d'autant plus étroitement liées l'une à l'autre, dans le cas des politiques d'immigration, que ces dernières touchent à des éléments constitutifs de la nation elle-même — n'est pas simple exercice d'école ou manie professionnelle. Les mots ne sont pas seulement les instruments de la discussion démocratique : ils en sont les objets. Appeler « immigrés » des Français nés et scolarisés en France parce qu'ils sont fils d'immigrés n'est pas innocent. Bien des débats passionnés perdraient tout sens si l'on acceptait de définir les termes qui sont utilisés : comment répondre à la question de savoir si la politique dite d'« intégration » est plus souhaitable que la politique dite d'« assimilation », si aucun de ces termes n'a été préalablement défini ? Le « vote des immigrés », qui suscite en France des réactions violentes, est une formule que les hommes politiques utilisent d'une manière volontairement ambiguë : les immigrés ne forment pas une catégorie juridique. S'ils sont de nationalité française, ils disposent, selon la Constitution, du droit de vote. S'ils ne le sont pas, il s'agit de s'interroger sur le droit de vote non des immigrés, mais des *étrangers*, ce qui soulève des problèmes constitutionnels et remet en cause la légitimité politique traditionnelle. La « discrimination positive », à cause du « positif » de la formule, est favorablement connotée, alors que les « quotas » le sont négativement : derrière des mots différents, il s'agit pourtant de la même politique. Il existe une différence de nature entre les théories racistes, justement dénoncées par les sociologues, et l'usage banalisé du terme, tel qu'il est couramment utilisé dans la vie sociale. Introduire la précision conceptuelle, c'est permettre de poser les questions de manière plus exacte. Le rôle du sociologue est de rappeler la signification des mots pour que le débat prenne son véritable sens.

Il est vrai qu'on ne peut introduire des précisions dans une réalité sociale ambiguë qu'en restant nuancé. Les analyses sociologiques ne peuvent être réduites à un mot chargé de passion, « intégration » ou « invasion ». Dans une vie sociale où l'on se plaît de plus en plus à remplacer l'analyse attentive, donc complexe, par la formule ou, mieux encore, par le mot, le risque est grand de se voir « récupérer ». Le sociologue ne peut ignorer l'usage politique qui risque d'être fait de ses analyses. Il ne peut prétendre être tout à fait innocent de ce que les autres font de ses travaux. Mais il n'est pas non plus en son pouvoir de contrôler ce que les médias et les hommes politiques feront de phrases ou de mots isolés du contexte qui leur donne leur véritable sens. Il reste que s'abstenir de toute publication sur un sujet central de la vie collective alors qu'on lui a consacré des années de travail et de réflexion, c'est mépriser le citoyen. Publier aujourd'hui un essai sur les politiques d'immigration est un acte de foi dans la vie démocratique.

Le « savant » peut aider à faire distinguer ce qui est de l'ordre de l'idéal ou de l'idéologie et ce qui fait partie des faits sociaux. Qu'elles concernent la nation ou l'immigration, les idéologies sociales et politiques ne se confondent pas avec les réalités concrètes. La référence à un idéal d'universalisme et aux principes des droits de l'homme, qui justifierait, par exemple, l'accueil des persécutés du monde entier, est dans les faits souvent contradictoire avec les intérêts des citoyens d'une nation particulière. Les Français se sont référés jusqu'à une date récente à l'« assimilation » des étrangers et affirment maintenant mener une politique d'« intégration ». Mais derrière les discussions de mots ou de concepts, le sociologue peut montrer que les responsables ont, dans les faits, adopté la même politique, celle qui s'efforce de donner aux résidents installés les moyens de participer à la vie collective. Les Allemands, dans leurs discours politiques, n'ont pas encore admis que les Turcs régulièrement installés sur leur territoire faisaient désormais partie intégrante de leur société. Les Suisses ne conçoivent toujours pas leur pays comme un pays d'immigration. Mais dans les faits, les uns et les autres prennent des dispositions pour que les étrangers participent activement à la vie collective et que leurs enfants soient socialisés comme ceux des nationaux. Dans tous les pays européens, les politiques sont plus proches que les discours ou les idéologies. La conformité aux mêmes principes de l'État de droit, les exigences de la vie économique, les effets de la protection sociale conduisent tous les gouvernements à mener des politiques qui tendent à converger, même si elles ne se confondent pas : tous s'efforcent de contrôler les flux migratoires et de favoriser la participation des populations immigrées ou issues de l'immigration à la vie collective. Le débat démocratique devrait désormais porter non sur le principe de l'intégration, mais sur les modalités de cette politique, par exemple sur les manières de reconnaître les spécificités culturelles ou religieuses dans l'espace public, ou sur le droit des immigrés installés et de leurs enfants à acquérir la nationalité, en particulier en Allemagne et en Suisse.

Dans le débat public, beaucoup continuent à mettre en cause l'« assimilabilité » de certains immigrés, en refusant d'admettre que l'intégration des nouveaux venus ne tient pas seulement à leurs caractéristiques et à leur projet, mais aussi aux modes d'intégration spécifiques de la société moderne. Ils évitent ainsi de remettre en question le mythe national de la puissance « assimilatrice » de la France, liée à son ambition universelle, et de poser le problème de l'affaiblissement de la conscience politique des nations démocratiques et de leur capacité à intégrer *tous* les individus, qu'ils soient immigrés ou non. La nation n'est pas une essence donnée une fois pour toutes, mais une dynamique à laquelle les immigrés doivent participer.

Le « savant » peut également aider à ce qu'on distingue les dimensions de la société : le multiculturalisme dans la vie privée et dans la vie sociale est à la fois un fait, une valeur de la démocratie et un droit. Mais le multiculturalisme politique — en d'autres termes, la reconnaissance en droit de ce multiculturalisme dans l'espace public, qu'il s'agisse de l'école ou des instances de la vie politique — ne se déduit ni logiquement, ni politiquement, du multiculturalisme de fait de la vie sociale. Le membre de la société civile, personne privée, ne se confond pas avec le citoyen, participant à l'universalité étatique par les élections. La diversité sociale ne fonde ni ne justifie par elle-même une forme quelconque de « multiculturalisme » politique, puisque la nation se définit précisément comme la forme politique qui transcende les diversités objectives des populations selon l'origine sociale, religieuse, régionale ou nationale, en organisant un espace public commun. Le degré de diversité sociale compatible avec le maintien de la collectivité nationale n'est d'ailleurs pas donné une fois pour toutes : il dépend de la force du projet politique et de la tradition nationale. Ce qui est possible et souhaitable aux Pays-Bas ou en Suède — les écoles musulmanes, le port du foulard islamique, l'enseignement en serbo-croate ou en turc dans les écoles publiques, le droit de vote accordé aux étrangers installés — n'a pas la même signification en France, où l'intégration nationale a une autre histoire. Inversement, le « modèle républicain » de l'intégration « à la française », avec son principe de stricte laïcité, n'est pas un produit directement exportable au-delà des frontières de l'Hexagone.

Les comparaisons ne peuvent d'ailleurs s'en tenir à des traits isolés de l'ensemble du système qui leur donne leur sens. Ainsi, les dispositions permettant aux étrangers d'être représentés auprès des pouvoirs locaux ne peuvent être appréciées si l'on ne tient pas compte du libéralisme ou du caractère restrictif du droit de la nationalité. Lorsque la naturalisation est accordée facilement, il n'y a pas la même urgence à accorder des droits spécifiques aux étrangers qui préfèrent — selon un choix respectable — garder leur nationalité. Dans les pays de tradition « ethnico-culturelle » comme l'Allemagne, en revanche, où le droit de la nationalité reste essentiellement fondé sur le *jus sanguinis*, les populations installées depuis de longues années devraient disposer d'instances, au moins consultatives, dans lesquelles leurs intérêts particuliers seraient pris en compte dans la vie publique.

Le sociologue peut analyser les effets objectifs des politiques publiques, indépendamment des intentions de leurs responsables, en soulignant le prix à payer pour atteindre un but conforme à notre idéal. Toute décision peut entraîner des effets non souhaités par ses auteurs. Les politiques de lutte contre le racisme et les discriminations exaspèrent parfois les passions qu'elles veulent combattre, même si elles ne sont évidemment pas pour autant responsables du racisme, comme certains les en accusent. Reste que la « racialisation » ou l'« ethnisation » des rivalités et des conflits sociaux contribuent aussi involontairement à susciter et entretenir le « racisme » qu'on cherche à éliminer. En évoquant les expériences d'autres sociétés éloignées dans le temps ou dans l'espace — moyen privilégié de réflexion sur les réalités sociales —, le « savant » peut montrer que la politique d'égalité collective est contradictoire avec l'égalité des individus et — à long terme — avec la liberté ; que la politique « communautariste », lorsqu'elle est poussée à son terme logique, contribue, en tant que telle, à dissoudre l'unité nationale. En rappelant la dimension proprement politique de toutes les décisions — toute mesure lèse certains intérêts particuliers et en avantage d'autres —, il peut aider à formuler les termes des rivalités entre les groupes. Mais il doit pouvoir rappeler aussi l'intérêt de la collectivité politique dans son ensemble — par exemple l'intérêt d'appliquer une politique de quotas pour contrôler les flux d'immigration — sans être pour autant accusé de trahir son ambition et sa mission critiques.

Le sociologue peut enfin souligner les contradictions entre les ambitions également fondées des politiques publiques. Qui ne souhaiterait à la fois voir respecter les cultures particulières *et* donner à leurs membres les moyens de participer pleinement à la société dans laquelle ils sont installés ? Qui ne souscrirait au double projet de donner à tous l'égalité des chances *et* de maintenir la vitalité des cultures d'origine ? Le sociologue a le rôle ingrat de rappeler, comme le fait Louis Dumont, que « si les avocats de la différence réclament pour elle à la fois l'égalité et la reconnaissance, ils réclament l'impossible». Dans des sociétés fondées sur la valeur et la passion de l'égalité, toute différence risque d'être vécue et perçue comme une infériorité. C'est d'autant plus vrai que les immigrés viennent souvent de pays plus pauvres et moins libres, dont certains ont été soumis à la domination coloniale — ce qui stigmatise la représentation de la «culture d'origine» —, et que leur présence est aussi le produit de leur projet d'accès à la modernité. Le sociologue n'a pas un rôle moins ingrat lorsqu'il montre que l'enseignement ne peut en même temps transmettre aux enfants étrangers d'origine sociale modeste la culture qui leur permettrait de retourner dans le pays d'origine de leurs parents *et* la capacité intellectuelle de participer à la société dans laquelle, aujourd'hui, l'immense majorité d'entre eux est née et restera. Dès lors, il faut adopter de manière prioritaire les mesures qui favorisent l'égalité des chances de tous les individus dans la société ambiante — qui est aussi la société moderne —, éventuellement aux dépens du maintien des différences culturelles.

En soulignant les contraintes juridiques et politiques qui s'exercent sur les politiques d'immigration, en rappelant que la législation européenne impose que les droits sociaux soient également accordés aux nationaux et aux étrangers et qu'aucune politique n'empêche l'acculturation des populations installées, il ne s'agit pas de nier les effets de la volonté politique, le sens des valeurs collectives et la capacité des hommes d'influencer le destin national. Il s'agit de préciser les conditions dans lesquelles cette volonté peut effectivement s'exercer.

Le «savant», qui s'interdit d'exalter ou de dénigrer systématiquement et se refuse à l'utopie sociale, risque d'apparaître rapidement comme l'empêcheur de rêver en rond.

Son ambition consiste à aider le « politique », si ce dernier le souhaite, à faire le bon choix, c'est-à-dire le plus raisonnable, étant donné les exigences de la vie démocratique. Il ne saurait, cela va de soi, se substituer à l'acteur — pas plus que n'importe quel autre citoyen. « Nous devons être, avant tout, des *conseilleurs*, des *éducateurs*. Nous sommes faits pour aider nos contemporains à se reconnaître dans leurs idées et dans leurs sentiments beaucoup plutôt que pour les gouverner ; et dans l'état de confusion mentale où nous vivons, quel rôle plus utile à jouer [1] ? »

Le sociologue peut tenter de préciser les implications de son travail et contribuer, sans cesser d'être « savant », à la décision politique. Sur les grandes options : contrôle des flux, « intégration » ou « communautarisme », discrimination positive et quotas, degré de « multiculturalisme », on n'a pas proposé de mesures concrètes, mais on s'est efforcé de préciser les enjeux et les effets probables des options ouvertes. Le rôle du sociologue est de formuler plus exactement les termes des alternatives, d'expliciter les contraintes qui pèsent sur les responsables et leur marge de liberté, d'évaluer les coûts sociaux et politiques des décisions prises, d'analyser les contradictions entre des ambitions également souhaitables, de comparer les expériences des pays proches, de relativiser les politiques selon la tradition propre à toute entité politique, enfin d'inscrire les choix dans une histoire à la fois nationale, européenne et même mondiale.

Sans sortir de son rôle de « savant », peut-il ainsi espérer aider le « politique » à gouverner ?

Novembre 1991.

1. Durkheim, 1987, [1904], p. 280.

BIBLIOGRAPHIE

Cette bibliographie ne comprend que les titres cités dans le texte.

ABOU-SAADA G. *et al.*, *Générations issues de l'immigration*, Arcantère, 1985.

ABOU-SAADA G., COURAULT G., ZEROULOU Z., *L'immigration au tournant*, L'Harmattan, 1990.

ARON R., *La lutte de classes*, Gallimard, Coll. Idées, 1965.

BASTENIER A., COSTA-LASCOUX J., VERDONK B., *Les politiques sociales à l'égard des immigrés. Effets discriminatoires ou intégration ?*, UNESCO, 1988.

BERQUE J., *L'immigration à l'école de la République*, La Documentation française, 1986.

BORK H. R., *The Tempting of America : The Political Seduction of the Law*, New York, Free Press/Macmillan, 1990.

BOULOT S. et FRADET D., « L'école française : égalité des chances et logique d'une institution », *in Revue européenne des migrations européennes (REMI)*, 1988, pp. 49-81.

BOUSQUET G. H., *La politique musulmane et coloniale des Pays-Bas*, Hartman, 1938.

BRUBAKER W. R., *Immigration and the Politics of Citizenship in Europe and North America*, University Press of America, 1989.

CASHMORE E. et TROYNA B., *Introduction to Race Relations*, Bristol, The Palmer Press, 1990.

CASTLES S. et KOSACK G., *Immigrant Workers and Class Structure in Western Europe*, Oxford University Press, 1973.

CENTLIVRES P. et SCHNAPPER D., « Nation et droit de la nationalité suisse », *in Pouvoirs*, n° 56, 1991, pp. 149-161.

CHEDID A., *Liban*, Seuil, Coll. Petite planète, 1969.

COSTA-LASCOUX J., *De l'immigré au citoyen*, La Documentation française, 1990.

CROSS M., ENTZINGER H., *Lost Illusions, Caribbean Minorities in Britain and the Netherlands*, Londres, Routledge, 1988.

DELVOLVÉ P., *L'administration libanaise*, Institut international d'administration publique, Berger-Levrault, 1971.

DOHSE K., *Ausländische Arbeiter und bürgerlicher Staat Grenze und Funktion von staatlicher Ausländer politik und Ausländerrecht*, Königstein, Anton Hain, 1981.

DUMMETT A., NICOL A., *Subjects, Citizens, Aliens and Others : Nationality and Immigration Law*, Londres, Weidenfeld and Nicolson, 1990.

DURKHEIM E., *La science sociale et l'action*, PUF, coll. Le sociologue, 1987 (4e éd.).

DYE T. R., *Understanding Public Policy*, Englewood Cliffs, Prentice-Hall, 1975.

EISENSTADT S. N., *An Absorption of Immigrants*, Londres, Routledge and Kegan Paul, 1954.

ELIAS N., SCOTSON J. L., *The Established and the Outsiders*, Londres, Frank Cass, 1965.

EUROSTAT 1991, *Portrait social de l'Europe*, CEE, 1991.

FONDATION SAINT-SIMON, *Les politiques d'immigration : une comparaison internationale, in Notes de la fondation Saint-Simon*, février 1991.

FREEMAN G., *Immigrant Labor and Racial Conflict in Industrial Societies, The French and British experience, 1945-1975*, Princeton University Press, 1975.

—, « Migration and the Political Economy of the Welfare State », *in Annals of the American Academy of Political and Social Science*, n° 485, 1986.

GEORGE P., *L'immigration, faits et problèmes*, Armand Colin, 1986.

GIFFORD P. et LOUIS W. R., (ed.), *Britain and Germany in Africa*, Yale University Press, 1967.

GLAZER N., *Affirmative Discrimination : Ethnic Inequality and Public Policy*, New York, Basic Books, 1975.

GLAZER N. et YOUNG K., *Ethnic Pluralism and Public Policy, Achieving Equality in the United States and Britain*, Londres, Heinemann, 1983.

GRAWITZ M. et LECA J., (éd.), *Traité de science politique*, vol. IV : *Les politiques publiques*, Presses universitaires de France, 1985.

GRILLO R. D., *Ideologies and Institutions in Urban France*, Cambridge University Press, 1983.

GUILLAUME P. *et al., Minorités et État,* Presses universitaires de Bordeaux, 1986.

HAMMAR T., (ed.), *European Immigration Policy*, Cambridge University Press, 1985.

HARBACH H., *Internationale Schichtung und Arbeitsmigration*, Reinbek bei Hamburg, 1976.

Haut Conseil à l'immigration, *Premier Rapport*, 1991.

HAWKINS F., « Multiculturism in Two Countries : the Canadian and Australian Experience », *in Revue d'études canadiennes*, vol. XVII, n° 1, printemps 1982, pp. 64-80.

HETTLAGE R., « Recherches sur les migrations en Allemagne fédérale », *REMI*, nov. 1986, pp. 165-192.

HOFFMANN L., *Die unvollendete Republik, zwischen Einwanderungsland und deutsche Nationalistaat*, Cologne, Papyrossa Verlag, 1990.

JAFFRÉ J. et DUHAMEL O., *SOFRES, l'état de l'opinion 1991*, Seuil, 1991.

JENKINS R. et SOLOMOS J., (ed.), *Racism and Equal Opportunity in the 1980s*, Cambridge University Press, 1987.

LABIB A., « L'immigration dans les pays du Golfe : quelques

aspects spécifiques », *Studi Emigrazione/Études migrations*, n° 86, 1987, pp. 221-230.

LEVEAU R. et KEPEL G., (éd.), *Les musulmans dans la société française*, Presses de la Fondation nationale des sciences politiques, 1988.

LÉVI-STRAUSS C., *De près et de loin. Entretiens avec D. Éribon*, Odile Jacob, 1988.

MACDOWELL L. *et al.*, *Divided Nation, Social and Cultural Change in Britain*, Londres, Hodder and Stoughton, 1989.

MARIE C.-V., « Entre économie et politique : le "clandestin", une figure sociale à géométrie variable », *in Pouvoirs*, n° 47, 1988, pp. 75-92.

MOODLEY K., « Canadian multiculturalism as ideology », *in Ethnic and Racial Studies*, vol. VI, n° 3, 1982, pp. 320-331.

NOIRIEL G., *La tyrannie du national. Le droit d'asile en Europe, 1793-1993*, Calmann-Lévy, 1991.

O'BRIEN D., *Neighborhood Organizations and Interest Group Process*, Princeton University Press, 1975.

O'BRIEN P., « Continuity and Change in Germany's Treatment of Non-Germans », *in International Migration Review*, vol. III, 1989, pp. 109-134.

(a) OCDE, *L'avenir des migrations*, OCDE, 1987.

(b) OCDE, *L'éducation multiculturelle*, OCDE, 1987.

OCDE, *L'avenir de la protection sociale*, OCDE, 1988.

OCDE, *SOPEMI 1989*, OCDE, 1990.

ORSTOM, *Actes du colloque international de l'Association française des anthropologues*, 1987.

PAUGAM S., *La société française et ses pauvres*, PUF, 1992 (sous presse).

REX J., « Policy Problems Relating to Immigrants in Europe », Colloque ADRI, 1990 (dact.).

RISK C., *Le régime politique libanais*, R. Pichon et R. Durand-Auzias, 1966.

ROGERS R., (ed.), *Guest Come to Stay. The Effect of European*

***Labor Migration on Sending and Receiving Countries*, Boulder et Londres, Westview Press, 1985.**

RONDOT P., *Les institutions politiques du Liban*, Institut d'études de l'Orient contemporain, 1947.

SCHIERUP C. U., « Political Ideologies, Migration Research and the New Ethnic Minorities », *in Migration*, n° 2, 1987, pp. 115-135.

SCHIERUP C. U., « Immigrants and Immigrant Policy in Denmark and Sweden : Failed Assimilation Versus Corporatist Multiculturalism », *in International Review of Comparative Public Policy*, 1989, pp. 223-288.

SCHNAPPER D., « Comment éduquer les enfants de migrants », *in Commentaire*, n° 32, hiver 1985-1986, pp. 1202-1206.

—, « L'opinion publique et les travailleurs immigrés », *Revue Tocqueville*, 1986, pp. 251-266.

— (a), « La nation, les droits de la nationalité et l'Europe », *REMI*, vol. V, n° 1, 1989, pp. 21-32.

— (b), « Rapport à l'emploi, protection sociale et statuts sociaux », *Revue française de sociologie*, 1989, pp. 3-29.

—, *La France de l'intégration. Sociologie de la nation en 1990*, Gallimard, coll. Bibliothèque des sciences humaines, 1991.

SCHNAPPER D., MENDRAS H. (éd.), *Six manières d'être européen*, Gallimard, coll. Bibliothèque des sciences humaines, 1990.

SIMON-BAROUH I. et SIMON P.-J. (éd.), *Les étrangers dans la ville*, L'Harmattan, 1990.

SOWELL T., *Race, politique et économie*, PUF, 1986 [1983].

STANTON RUSSEL S., « Politics and Ideology in Migration Policy Formulation : the Case of Kuwait », *in International Migration Review*, vol. XXIII, print. 1989, pp. 24-47.

SWANN 1985, *Education for All*, Londres, HMSO, 1985.

TAGUIEFF P.-A. (éd.), *Face au racisme* : t. I : *Les moyens d'agir* ; t. II : *Analyses, hypothèses, perspectives,* La Découverte, 1991.

TRIPIER M., *L'immigration dans la classe ouvrière en France*, L'Harmattan, 1990.

VERBUNT G., *Diversité culturelle, société industrielle, État national*, L'Harmattan, 1984.

VILLARS J., « L'Amérique au miroir brisé », *in Commentaire*, n° 54, été 1991, pp. 425-429.

WALDINGER R. *et al., Ethnic Entrepreneurs*, Sage, 1990.

WALLERSTEIN I., *L'Afrique et l'indépendance*, Présence africaine, 1966 (trad.).

WEIL P., « La politique d'immigration », *in Pouvoirs*, n° 47, 1988, pp. 45-60.

—, ***La France et ses étrangers. L'aventure d'une politique d'immigration, 1938-1991*, Calmann-Lévy, coll. Liberté de l'esprit, 1991.**

WHITEHEAD D., *The Ideology of the Athenian Metic*, Cambridge University Press, 1977.

WIHTOL DE WENDEN C., *Les immigrés et la politique*, Presses de la Fondation nationale des sciences politiques, 1988.

WILPERT C., « Institutional and Ideological Foundations of Racism in the FGR », communication au colloque sur le racisme de Créteil, 10-12 juin 1991 (dact.).

TABLE

Introduction 9

Migrations en Europe, 12 / *Nation et immigration*, 17 / *L'État régulateur du lien social*, 21.

I - LA POLITIQUE D'IMMIGRATION

DÉFINITION 29
Politique ou « non-politique » ?, 35 / *Politisation et politique d'immigration*, 38 / *La dépendance des politiques d'immigration*, 41.

TYPOLOGIE 46
La politique de contrats de travail, 46 / *La politique d'intégration*, 50 / *L'histoire de la nation*, 59.

II - L'INÉVITABLE POLITIQUE D'INTÉGRATION

LA POLITIQUE DES « GASTARBEITER » 63
La nation communautaire, 63 / *Fédéralisme et État protecteur*, 68 / *Les pratiques à l'égard des immigrés*, 71.

L'ÉCHEC 74

III - MODALITÉS D'INTÉGRATION

TRADITION POLITIQUE ET ÉTAT PROTECTEUR ... 88
Nation communautaire et nation politique, 89 / *L'inconscient historique ou le souvenir des empires*, 90 / *Les formes de la laïcité*, 94 / *Le respect des spécificités culturelles*, 96 / *L'État protecteur*, 99.

DES FORMES NATIONALES 100
Pluralisme et « État-providence » en Suède et aux Pays-Bas, 101 / *Allégeance à la Couronne et politique antiraciste en Grande-Bretagne*, 108 / *La France ou le refus des particularismes*, 113.

IV - LE SENS DES POLITIQUES D'IMMIGRATION

LA DYNAMIQUE MIGRATOIRE OU LES LIMITES DE LA POLITIQUE 123

CONVERGENCE ET DIVERSITÉS 134
Les droits de l'homme, le marché et la protection sociale, 134 / *La relativité des politiques*, 140.

V - ÉGALITÉ INDIVIDUELLE OU ÉGALITÉ COLLECTIVE ?

LES LENTEURS DE LA POLITIQUE UNIVERSALISTE. 153

LES EFFETS PERVERS DE LA DISCRIMINATION POSITIVE 157

L'UNIVERSALISME CONTRÔLÉ 168

Conclusion 179

Bibliographie 189

En couverture : Surinam (1772-1777),
L'Europe entre l'Afrique et l'Amérique.
Allégorie. N.Y. Schomburg Center (cliché Edimédia).

Ce volume a été composé
par Charente Photogravure
à l'Isle-d'Espagnac,
reproduit et achevé d'imprimer sur Roto-Page
par l'Imprimerie Floch à Mayenne
pour le compte des Éditions François Bourin
en janvier 1992.

Nº d'édition : 178. Nº d'impression : 31711
Dépôt légal : janvier 1992
ISBN 2-87686-117-8
Imprimé en France